# 바다어語 마음사전

한창훈 글 * 김무환 사진

## 작가의 말


 이 책은 바다를 배경으로 하는 이야기이다. 하지만
 바당 바돌 바롤. 신라 탈해왕과 가락국 허 황후가 건너온 곳. 피안의 세계. 풍요와 생명력의 공간이며 동시에 두려운 대상. 용龍이 사는 곳. 가랑이 넷을 본 처용의 본적. 고려 왕조 시조인 용녀 할머니의 고향. 보타락가산 해수관음海水觀音의 도량. 문무왕의 새집. 환생의 영역. 불로초 난다는 삼신산三神山이 있는 곳. 심청이가 죽었다가 부활한 장소. 지국총지국총 어사와의 현장. 그러면서 포세이돈의 영토. 오시리스와 결혼한 달의 여신 이시스의 또 다른 이름. 우라노스의 잘린 남근이 거품 일으켜 아프로디테를 탄생시킨 자리. 성적 욕망의 공간. 버지니아 울프와 프로이트가 인간의 영혼(물고기)이 끌려 들어가는, 흐름, 죽음, 시간으로 본 상징의 대상. 살어리 살어리랏다 바라래 살어리랏다 나마자기 구조개랑 먹고 바라래 살어리랏다, 의 장소라는 이야기를 하려는 게 아니다. 이런 것은 모두 배웠거나 읽었던 내용이다.
 대신 이런 이야기이다.
 나는 전남 여수시 삼산면 거문도에서 태어나(간신히 걸음마 하여 바다를 처음 보았을 때 그 한없는 넓이와 깊은 푸른

색에 아! 탄식을 내뱉었다고 기억하는데 근거는 없다) 이곳에서 배운 언어와 정서로 소설과 산문을 써 왔다.

젊은 시절 어선과 작업선 타고 경남 남해도와 창신도, 여수 가막만과 돌산도, 금오도, 고흥 녹동, 완도에 속하는 생일도, 금일도에 그 너머 청산도까지 다녔다. 동시에 여러 바닷가 공장과 현장을 떠돌았고 지금은 고향 섬에서 살고 있다. 주로 거문도가 배경이 되겠지만, 그 섬과 바다에서 들었던 말과 속뜻이 바로 '바다어語 마음사전'이다.

내가 배웠던 언어는 바다와 섬의 정신이자 문화이다. 대물림으로 내려온 말의 버릇이자 대상을 대하는 공통의 자세, 공유되는 해석이며 자연과 사건에 대한 집단의 생각이다. 그러니까 이 책은 섬과 바다 사람들의 축적된 마음 이야기이다. 순간순간 소소하지만 되풀이되어 쌓여 왔던 그 마음들.

2025년 가을
한창훈

✷ ✷ ✷

# 차 례

| | |
|---|---|
| 바다의 목소리 | 12 |
| 바다에서 오는 것들 | 17 |
| 오메 오메, 내 천금아 | 24 |
| 갈매기 조법 | 26 |
| 말이나 좀 섞어 봅시다 | 30 |
| 거시기 즈가부지 | 34 |
| 어머니, 저 새는 | 37 |
| 길 1 — 찔 따라가믄 | 40 |
| 경엽 씨 것은 경엽 씨 마음대로, 내 것은 내 마음대로 | 50 |
| 국만 먹는 내 사람 | 54 |
| 자네 하나부지는 | 57 |
| 태풍의 마음 | 63 |
| 태풍이 또 왔단게요 | 72 |

✷ ✷ ✷

※ ※ ※

| | |
|---|---|
| 바람이 분다 | 76 |
| 길 2 ― 당재 가는 길 | 79 |
| 표류를 해 보고 싶어 | 83 |
| 아이, 많이 따라왔다이 | 96 |
| 새각시 생겼든디 | 98 |
| 워메, 찌클어 부렀네 | 100 |
| 눈은 원래 게을러 | 102 |
| 도시고 댕긴다, 허부고 댕긴다 | 105 |
| 길 3 ― 녹산 가는 길 | 107 |
| 아시탕 | 116 |
| 청춘에 죽은 | 119 |
| 한잔만 갈아줘 | 121 |
| 저 식당에서 밥을 먹으면 배가 고파 | 123 |
| 애정만 나믄 | 125 |

※ ※ ※

## 2부

| | |
|---|---|
| 길 4 — 목너머 가는 길 | 130 |
| 말 못하는 술담배도 내 속을 아는디 | 137 |
| 그놈의 끗발 때문에 | 142 |
| 이, 들어왔구만 | 145 |
| 모래성 | 148 |
| 길 5 — 신추 가는 길 | 151 |
| 고집이 찍찍 흐른다 | 156 |
| 가심에 피 | 159 |
| 양복 입고 칼 차고 베락 맞아 뒤질 | 166 |
| 바다여 내 노래를 | 168 |
| 이녁 | 177 |
| 돼지고기 안 먹습니다 | 178 |
| 할아부지가 거기 있었네 | 182 |
| 포트, 포트! | 187 |

\* \* \*

| | |
|---|---|
| 고마움과 관련된 몇 가지 사례 | 191 |
| 바다가 보이는 역 | 194 |
| 마지못해 | 197 |
| 지나가기가 겁나 거시기합니다 | 200 |
| 풍어제 | 203 |
| 갈치가 안 나부러서 | 206 |
| 동도 아그들이 왔네 | 210 |
| 길 6 – 울릉도 가는 길 | 213 |
| 터졌어? | 218 |
| 하, 안개가 소리도 없이… | 220 |
| 겁나게 착한 양반이여 | 222 |
| 소녀를 위하여 | 225 |
| 작가여, 어부여? | 229 |
| 또 뭣을 집어 넌다냐 | 232 |
| 토요일이 삼 일 만에 돌아온다 | 239 |
| 봄이 왔당게 | 245 |
| 바다의 껍닥 같다니께 | 248 |

\* \* \*

\*\*\*

에필로그

ⓒ김무환

이랬던 우리의 바다가

\*\*\*

©김무환

바다어 마음사전  1부

# 바다의 목소리

고도 사진관에서 찍었다는데 세 살 정도 되지 않았을까.

여덟 살 정도였다. 초저녁에 잠이 들었던 모양이다. 깨어 보니 아무도 없었고, 어두웠고, 극도로 조용했다. 아마도 잠든 나를 두고 다들 어딘가로 갔을 것이다. 허공에 매달린 호야(당시 쓰던 등잔불)가 어느 방향에 있는지 짐작은 되었지만 주변을 아무리 더듬어 봐도 성냥갑이 잡히지 않았다.

어찌어찌 문을 열고 나오니 마을 이곳저곳 약한 불빛만 몇 개 아련했다. 아무도 없어서 딱히 할 게 없었다. 어쩌면 가족이란 것이, 어린 동생들마저 처음부터 없었던 것은 아닐까, 생각이 들기도 했다. 그만큼 어둠의 밀도는 깊었고 적막의 층위도 높았다.

나는 마루 기둥에 기대앉아 바다 쪽으로 고개를 돌렸다. 거기에는 검푸른 대기와 그것이 낮게 내려앉은 수면만 있었다. 달이 없는 그믐밤이었고 별도 뜨지 않았던 게 기억나는 것으로 보아 날이 흐렸을 것이다. 그러니 적막의 바다를 바라보는 것 외에는 그저 가만히 있을 수밖에 없었다.

그때 들리는 소리가 있었다. 저 낮은 곳에서 울리는 어떤 것. 그것을 소리라고 할 수 있을까. 그런데 소리 아닌 것은 또 아니었다. 내 귀가 일정한 느낌의 자극을 받고 있었으니까. 어쩌면 인간의 귀로는 들을 수 없다는 영역의 소리일 수도 있으니 소리보다는 파장이라고 말할 만도 한데, 그런데 파장이 겹친 게 소리 아닌가.

아니, 따지고 말 것도 없다. 나에게는 소리였고 그것은 바다 쪽에서 오고 있었다. 그동안 바다의 소리는 수면을 건너온 바람이거나 바위나 모래밭에서 부서지는 파도 소리가 전부였다. 그런데 이 소리는 거대한 바다에서 전해져 오는 낮고 무거운 그 무엇이었다. 바다가 나에게 무언가 말하고 있어… 이렇게 구체적으로 생각했는지는 잘 모르겠다. 다만 여덟 살 한창훈은 어둠 속 마루 기둥에 기대앉아 바다가 보내온 소리를 계속 듣고 있었다.

20대 초반 음악실 DJ를 하면서 사이먼 앤 가펑클Simon And Garfunkel의 〈The Sound of Silence〉 가사를 봤을 때 이 소리가 떠올랐다.

Hello darkness, my old friend, I've come to talk with you again,
Because a vision softly creeping, Left its seeds while I was sleeping,
And the vision that was planted in my brain, Still remains

내 오랜 친구인 어둠이여 안녕. 너랑 이야기하고 싶어서 다시 왔어.
왜냐하면 슬쩍 다가온 어떤 환영이 내가 잠들어 있을 때 씨앗 같은 것을 뿌렸고
그렇게 내 머릿속에 심어진 그 환영이 아직도 남아 있기 때문이야.

어쩌면 그것은 침묵의 소리였을까, 내게 무언가를 뿌린 환영일까, 나를 보는 다른 시선일까 생각하기도 했는데 물론 침묵의 소리는 비유라서 내 경우에 가져다 붙일 만하지는 않았다.

그 뒤로도 한 번씩 그 소리를 듣고는 했다. 여수에서 금오도로 가던 어선이 기관 고장으로 떠밀릴 때 이 소리를 만났다. 그리고 작업선 타고 청산도 가는 도중에 짙은 안개를 만나 앵커링하고 (항해 중에 엔진을 끄면 안 되지만 그때는 안개가 얼마나 갈지 알 수 없었고 연료도 충분치 않았기에 껐다) 마냥 기다리는 도중에 소리를 다시 들었다.

또 있다.

대양 항해 프로젝트로 현대상선 콜롬보호를 타고 네덜란드 로테르담항으로 가는 도중, 아덴만 입구에서 갑자기 메인 엔진이 멈춰 버렸다. 모든 전등이 순간 꺼졌고 뒤이어 보조 엔진이 가동되면서 비상 전기가 들어왔지만, 메인은 그대로였다. 나는 조용히 데크로 내려가 선수로 걸어갔다.

평상시에도 선수에 오면 엔진 소리와 떨림은 느껴지지 않았다. 대신 구상 선수에서 바닷물 부서지는 소리만 묵직하게 났다. 이번에는 배의 전진이 없었기에 그저 조용하기만 했다. 마음을 가라앉히고 집중하자 그 소리가 들려오기 시작했다.

그게 사실은 이명이거나 핏줄에 피가 도는 소리거나 우주에서 내려꽂히는 파장일 수도 있지만 나에게는 저 넓은 바다, 그 오래된 축적이 보내오는 소리였다. 더군다나 우리나라 반대편 아덴만에서도 들리는 것으로 봐서 이건 바다의 소리가 확실하다고 나는 생각했다.

그도 그럴 만한 게 육지에서는 그렇지 않았기 때문이다. 이를테면 삼 년간 살았던 대전 세천은 밤이 되면 적막강산이었던 곳이다. 바람도 불지 않는 절대 적막의 날들이 많았다. 그러나 어떤 밤에도 그 소리는 들려오지 않았다. 작은 절에 한 달간 머물 때도 다르지 않았다.

몇 년 전 한국작가회의 일을 맡아 서울에서 이 년간 근무를 했었다. 근무 마치고 섬으로 돌아가면 낚시를 먼저 하겠지? 생선

회부터 먹겠지? 물어오는 지인들에게 이렇게 대답했다. 낚시보다는 뒷산 중턱에 퍼질러 앉아 돌미나리를 캐고 싶고 그것보다는 혼자 배 몰고 나가서 엔진 꺼 놓고 바다에 한없이 떠 있고만 싶다고 대답했다.

그렇게 했다. 2020년 2월, 서울 생활 정리하고 섬으로 내려왔을 때 일단 돌미나리를 캐서 무쳐 놓고 배 몰고 나가 바다에 떠 있었다. 푸른 하늘, 푸른 바다. 출렁이는 작은 물결. 그리고 다가온 그 소리. 저 깊은 곳에서 올라오는, 바다만의 주파수 같은 것. D# 정도의 음파.

# 바다에서 오는 것들

소리는 그렇다 치고 바다에서는 늘 무언가가 왔다.

**\* 파도**

한시도 쉬지 않고 온다. 어디서, 왜 오는지 당연히 몰랐다. 그게 에너지의 이동이라는 것은 나중에 알게 되었지만 지금 봐도 파도는 어디에선가 오는 것이다. 그리고 내가 발 딛고 있는 섬의 갯바위나 모래밭에서 부서지며 소멸한다.

뭐랄까, 태평양에서부터 왔으니 고작 내 발밑이 목적지는 아니었을 것이다. 우리 섬이 가로막지 않았다면 어디까지 갈 계획이었던 걸까. 나중에 여수로 전학 가서 보았다. 거기서도 파도가 부서지며 소멸해 가는 것을. 여수가 목표였던 걸까. 그런데 제기랄, 서해안에서도, 강릉 바다에서도, 심지어 노르망디 해안이나 알래스카 놈Nome항에서도 파도는 계속 죽어 가고 있었다. 뭐 그렇다고 치고.

파도에는 생각지도 못한 파장이 있다. 갯바위를 타고 오른 파도가 힘을 다 소진하고 물러나면 기다렸다가 다음 것이 오는 게 아니다. 앞 파도의 생명이 채 끝나기 전에 그다음 파도가 덮친다. 밀려나는 것과 몰려오는 것이 부딪히며 힘이 일정 부분 상쇄된다.

하지만 조금씩 타이밍이 맞아 간다. 여덟 또는 아홉 번째 파도는 몰아치는 힘이 제대로 맞아서, 훼방꾼 없이 밀려온다. 때문에 갯바위나 방파제에서 보면 매번 그 위치까지만 오는 것 같지만 그중 하나는 제대로 큰 게 온다. 풍랑이나 태풍 뒤끝에 파도 구경하다가 휩쓸려 죽는 경우가 그것 때문이다.

**\* 새**

동도초등학교 3학년 때였던가, 노란 새 한 마리가 날아와 돌담에 앉은 적이 있다. 매끄러운 머리에 흰색이 섞인 노란 깃털은 말끔하고 우아했다. 처음 본 새였다. 그동안 봐 왔던 갈매기나 직박구리, 가마우지와는 전혀 달랐다. 그 애들은 경박하거나 시끄럽거나 너무 크기만 했으니까.

노란 새는 동요 없이 멀리 수평선을 바라보았다. 나는 직감하고 있었다. 이 새가 바다를 건너왔다는 것을. 그리고 더 멀리 어딘가로 가는 중이며 이 섬에, 동도 죽촌마을에, 그것도 내가 살고 있는 판잣집 돌담에서 잠시 쉬고 있다는 것을, 그래서 나는 어디 나가지도 못하고, 고개도 못 돌린 채 그 새를 바라보기만 했다. 마치 바다의 목소리를 들었던 밤처럼.

멀리서 온 존재들은 처연한 고독이 풍겨 나온다는 것을 그때 처음 알았다. 수평선에서 왔는데도 맞은편 수평선을 바라본다는 것은 그런 것일 테니까. 그러다 잠깐 울었는데 역시나 울음소리마저도 청아했다.

새가 우는 것은 동료들과 정보를 교환하는 행위이다. 그 노란 새는 끝까지 혼자였다. 돌담에 서 있는 시간이 짧지 않았는데 같은 종류의 새는 보이지 않았다.

그러니까 그 새는 동료가 아닌 것에게 말을 하는 거였다. 하늘에게 하든지 자신에게 하든지 아니면 저를 바라보고 있는 나에게 했든지. 나에게 했다면 무슨 내용일까. 지금도 궁금하다.

인도양 복판에서 만난 새도 있다.

프로젝트 첫 번째 항해로 현대 하이웨이호를 탔을 때였다. 우리 중 누군가가 선수 쪽 저 멀리 컨테이너 위에 있는 작은 새 한 마리를 발견했다. 정말 작은 새였다. 약간 큰 참새 정도? 어디에서 어디로 가는 중일까. 저 작은 체구로 이 거대한 인도양 복판에서… 바다는 넓고 배도 큰 데 그 새는 너무 작은 생명체였다.

그러다 찾아냈다. 그 옆의 너무너무 작은 새를. 그러니까 처음 발견한 애가 어미 새였던 것이다. 저 작은 게 저 어린 것을 데리고… 대양 한가운데서… 동행 작가였던 유용주, 안상학 시인과 나는 아무 말 못 하고 심각하게 침묵했다. 셋 다 딸이 하나씩 있으니까. 아이 없는 박남준 시인만 그런가 보다, 하는 표정이었다.

비 오는 날 박남준 시인이 놀러왔고 우리는 이렇게 앉아 술을 마셨다.

* 달빛

모든 달빛을 말하는 거 아니다. 여기서는 수평선에 걸린 반달이다. 어렸을 때도 수평선에 달이 걸린 모습을 봤겠지만, 기억에 없다. 딱히 볼 일이 없었다는 게 맞겠다. 결론부터 말하면 반달이 걸린 수평선은 함부로 볼 게 못 된다.

떠나갔던 이 섬에서 다시 살아 보려고 돌아왔고 귀신이 많이 나온다는 고개 너머 산 중턱의 외딴집을 얻었다. 하루 종일 내가 내는 소리만 들렸던 곳. 그러던 어느 날 밤 이것을 봤다. 수평선에서 막 솟아 나온 반달.

나는 감전된 것만 같았다. 내 앞까지 이차선 도로처럼 은빛 가루 길이 주욱 만들어져 있었으니까. 반달이 만들어 놓은 직선은 나에게 보내는 어떤 메시지 아닐까 싶었다. 홀린 듯 바라보고 있다가 나도 모르게 산에서 내려갔고 그대로 옷 벗고서 바닷속으로 들어갔다.

유혹에 넘어가 유체 이탈이 일어났다고 봐도 무방하다. 수평선에서 달려온 달빛은 내가 일으키는 물방울마다 편편이 부서졌다. 그 순간 그것들은 나를 태어나기 전으로 되돌리는 시간 역행의 동력 같기만 했다. 자연 현상을 마주했다는 이유만으로 사람이 죽을 수도 있다는 것을 깨달은 날이기도 했다.

*눈물

이사를 해야 해서 동료 몇 명을 불렀다. 일이 끝나 맥주를 마시고 있는데 후배 작가 한 명이 사라지더니 나타나지 않았다. 전화도 받지 않자 우리는 찾아 나섰다. 여기에도 없고 저기에도 없었다.

혹시나 하는 마음에 유림해수욕장에 갔더니 바닷물과 만나는 가장 낮은 계단참에 앉아 있었다. 아스라한 별빛과 찰싹대는 물결 사이에서 그는 울고 있었다.

그곳은 1989년 8월 15일 이내창의 시신이 발견된 장소였다. 중앙대학교 안성캠퍼스 총학생회장이었고 아무런 연고도 없는 곳에 안기부 여직원 포함 몇몇과 함께 왔다가 죽었던 것이다. 당시 나는 대전에서 살고 있었는데 이 뉴스를 보고 오랫동안 무거운 마음이 가시지 않았다. 그 어떤 이유로 내려가서 목숨까지 잃은 곳이 하필 두고 온 고향이며 그중에서도 내가 물놀이를 하며 컸던 곳이었을까, 싶었으니까.

가만히 놔두었기에 그의 울음은 그 뒤로도 한동안 이어졌다.

\* 낯선 배

바다에서 온 낯선 배들은 그동안 숱했다. 1885년도에 거문도를 점령한 영국 함대들이 그랬고 풍랑을 피해 들어오는 고등어 선망, 쌍끌이 외끌이 트롤선(이 배는 싹쓸이 대표라 정이 안 가지만), 대형 통발선, 새우 조망, 그 말고도 온갖 외지 배들은 지금도 흔하다. 주말이면 요트도 들어온다.

그중에 하나 꼽으라면 이 배이다.

햇살이 아주 좋던 가을날. 바다 저 멀리 어떤 흰 느낌이 있었다. 그것은 점점 다가왔고 거문도 가까이 와서야 흰 돛을 여러 개 단 옹기 배라는 것을 알게 됐다. 천천히 회전하며 거문항으로 들어가던 모습이 몹시 근사했다. 예전 범선들이 왜 흰 천을 썼는지도 알 것 같았다. 파란 바다를 배경으로 흰 돛은 등대 건물처럼 눈에 잘 띄었고 무엇보다도 아름다웠다.

물 한 방울 샐 것 같지 않게 촘촘히 쌓아 올린 옹기 더미들도 멋졌다. 웬만한 파도에도 넘어가지 않는다는 그것들은 뛰어난

균형 감각의 역학적 총화였다. 그동안 이곳에 살면서 이런저런 이유로 섬에 들어오는 여러 배들을 보았는데 어렸을 때 보았던 옹기 배가 가장 근사했다.

\* 그러고도 바다에서 오는 것은 많다. 예를 들어 태풍이나 안개, 바람 같은 것. 이것들은 다른 이야기에서 나올 예정이다.

## 오메 오메, 내 천금아

 딸아이가 갓난이였을 때 섬에 데리고 온 적이 있다(그때는 내가 육지에서 살고 있었다). 아이를 데리고 왔다고 할머니(이분 종종 등장하실 터인데 정확히는 외할머니이다) 친구 몇몇 분이 구경 오셨다. 그분들은 아이를 보자마자 금방이라도 눈물이 구를 것 같은 표정으로
 "오메 오메, 내 천금아!"
 똑같은 말을 각자 하셨다. 보기 편하시라고 아이를 보행기에 태우자 할머니는 마당에 흰 천을 깔아 주었다. 흰 천 위 보행기 속의 아이와 빙 둘러앉아 있는 동네 할머니들. 그리고 계속 이어지는 '오메, 내 천금아…' 소리.
 이 말은 매우 소중하다는 뜻으로 일상에서도 많이 쓴다. 천금 같은 국민의 목소리, 이런 식으로. 하지만 거문도에서는 아이에게만 쓴다. 하늘의 금덩어리 같고天金 매우 많은 금붙이千金 같다는 이 소리를 거문도 모든 아이는 듣고 자란다. 피붙이든 아니든, 어제 봤던 아이든 처음 본 아이든 보는 순간 감탄처럼 이 말

부터 하고 본다. 어떠한 구분도, 편견도 없다.

아이를 향한, 이보다 더 지극한 표현을 나는 들어 본 적이 없다. '한 아이를 키우기 위해서는 온 마을이 필요하다'라는 아프리카 속담을 마포중앙도서관 5층 화장실에서 보았을 때 '내 천금아'가 곧바로 떠오르기까지 했다.

그날 딸아이는 이 소리를 수십 번 넘게 들었다. 애가 눈을 맞추거나 손가락 빨거나 보행기 고양이 울음 버튼을 누를 때마다, 심지어 우유 마시고 트림하는 순간에도 할머니들은 손뼉 치며 "내 천금아!" 하셨으니까.

그러다 아이가 방귀를 뿡 뀌었다. 천금이가 뀐 방귀 소리에 할머니들은 일제히 웃음을 터뜨렸고 서로 얼굴을 보면서 대장내과 진단을 내놓았다.

"밑이 제대로 여물고 있구만."

"한 번만 더 뀌어 봐라. 그라믄 설사는 절대 안 한다."

갓난이 방귀는 원활한 대장 활동의 증거라는 고참님들 의견에 나는 공연히 다행스러워졌다.

# 갈매기 조법

 조법釣法은 말 그대로 낚시하는 방법이다. 속구, 원투, 반유동, 전유동 같은 여러 조법 중에 우리 섬에 있는 방식 하나가 갈매기 조법이다.
 갈매기는 오리나 가마우지와 달리 사냥을 하지 못한다. 대신 해안으로 떠밀려 온 죽은 물고기 따위를 먹고 산다. 갑판에서 물고기를 손질하면 우르르 날아와 진을 치고 있는 이유이다. 바다 다큐멘터리에서 흔히들 등장하는, 어장 나갔다가 돌아오는 배를 수십 수백 마리가 정신없이 따라오는 것도 같은 이유이다.
 그러니 얘네, 서로 빼앗아 먹는 게 종일 하는 짓이다. 내가 던져 준 생선 내장을 한 놈이 물고 날아오른다. 곧바로 몇 마리가 쫓아간다. 도망치는 놈도, 쫓아가는 놈들도 필사의 몸짓이다.
 짐작되듯이 이 조법은 직접 잡지 않고(또는 못하고) 남이 낚아 온 것을 얻거나 뺏는 행위를 가리키는 말이다. 낚시를 마친 내가 마을로 돌아가면 아는 얼굴들이 말을 걸어 온다. 그중에는 몇 마리 달라는 사람이 있다. 준다. 갈매기 조법이다. 나도 간혹 한다. 낚으러 가기는 귀찮고 고기는 필요한데 마침 아는 사람이 배를 몰고 들어온다. 구경 간다. 직접 달라고 하거나 줄 때까지 기다린다. 그렇게 한두 마리 얻어서 길을 가면 누가 물어 온다.

"어디서 났는가?"

"갈매기."

"누구한테서?"

"양 서방이 여러 마리 잡아 왔등만."

이 갈매기 조법의 대가가 우리 섬에 있다. 나보다 두 살 많은 사내로 평생 만나 본 술꾼 중 다섯 손가락 안에 드는 사람이다. 날마다 마시고 피운다. 그런데 본인이 직접 밝혔던 바, 섬에서 태어나고 자랐는데도 낚시에는 도통 재주도 관심도 없다. 생선은 좋아하는데 낚시는 할 줄 모르는 고양이와 비슷하다.

때문에 이 사내는 오로지 갈매기 조법으로만 물고기를 확보한다. 그것으로 소주 마신다. 혼자 살기 때문에 주변에서 반찬도 잘 챙겨 준다. 그것으로도 소주 마신다. 앞서 '한 아이가 자라는 데는 온 마을이 필요하다'고 했는데 주정뱅이 노후를 사는 데도 온 마을이 필요하다.

이 사람은 2층에서 산다.

그의 집을 지나면 열린 창문을 통해 라디오 소리가 들려온다. 고만고만한 노래가 계속 나온 것으로 봐서 FM이다. 그는 중요한 일을, 그러니까 소주와 담배 사는 행위를 종종 그 창문으로 처리

한다. 먼저 거문슈퍼 주인에게 전화를 건다.

"행님 미안한디요, 소주 댓병 두 개하고 담배 한 보루만 갖다 주시오. 지원금 곧 나올 테니께 그때 갚을랍니다."

거문슈퍼 주인은 소주와 담배를 들고 그 집 아래로 간다. 2층 창문을 통해 줄 달린 광주리가 내려온다. 그만큼 외출이 힘들다는 것. 담배와 소주가 담긴 광주리는 천천히 2층 창으로 올라간다.

그러다 몸이 조금 좋아지면 한 번씩 나온다. 큰 키에 바짝 마른 몸으로 몹시 천천히 걸어가는 장면이 나타나는 것이다. 거문슈퍼 평상에 앉아 있는 나를 발견하면 옆에 앉는다. 앉아서 예전에 했던 말을 또 한다.

"글씨 한 장만 써 주랑게요. 내가 가보로 간직할 테니께."

그는 나를 '글 쓰는 사람'이 아닌, '글씨 쓰는 사람'으로 알고 있지만 어쨌든 건강 상태는 심한 부침을 겪었다. 때 되면 한 번씩, 거의 사망 직전에 실려 나가 육지 병원에 입원한다. 이번에는 진짜 어려울 것이라는 사람들 짐작과는 달리 한두 달 뒤 조금은 회복된 상태로 돌아와서 창문 열고 라디오 켜고 "행님 미안한디요…" 전화를 건다.

자주 그랬다. 그 끈질긴 생명력을 보며 나야말로 더 마셔도 되겠구나, 종종 생각하곤 했다. 그렇게 그는 계절이 바뀌고 해가 바뀌는 동안 입원 퇴원을 되풀이하면서 거듭 마시고 피웠고, 몹시 천천히 걸어 다녔고, 글씨를 써 달라고 보챘다.

그랬던 그가, 이번에 강원도 원주 토지문화관에서 겨울 나고 돌아와 보니 그사이 세상을 떴단다. 나는 머잖아 찾아올 내 모습도 상상해 보고, 이 섬에서 살아 낸 쓸쓸한 사내의 삶을 되짚어 보며 잠시 시간을 보냈는데 딱 한 가지, 글씨라는 것을 써 주지 않은 게 마음에 걸렸다.

## 말이나 좀 섞어 봅시다

T 삼촌은 바다의 사나이다. 그는 학교, 책, 필기구 같은 게 세상에 있는 게 싫었다. 그 대신 그물, 해류, 어장, 이런 단어를 몹시 사랑했다. 초등학교 교실에 앉아 있을 때 칠판 대신에 지나가는 어선만 바라보았다. 담임한테 혼나고 고개 처박고서도 어선 엔진 소리에 귀를 기울였다. 지금 지나가는 것은 성섭이네 배다… 이러면서.

스무 살 때 선장으로 어장을 나갔다. 기골이 장대하고 돋보이는 외모를 지녔기에 소년 선장 나가신다! 이런 분위기였다. 흑산도 인근에서 단 하루에 800만 원 벌어들인 날도 있었다. 당시 서울 아파트 한 채가 200만 원이었을 때다.

그의 집은 바닷가에 있었다. 마당이 있고 돌담이 있고 자갈밭이 있고 푸른 바다가 있는 곳이다. 봄 햇살 화사한 오전 열한 시쯤 밤 어장 마치고 돌아와 잠들어 있던 스물한 살의 T 삼촌을 어머니가 깨웠다.

"아이, 좀 일어나 봐라."

"…왜요?"

"누가 찾아왔다."

"누군디요."

"잘 모르겠다."

"(끄응, 돌아누우며) 이따가 오라고 하시오."

"그것이 좀… 아따, 일어나 보랑게."

삼촌은 억지로 일어났다. 그러나 마당에는 아무도 없었다. 돌아보는 아들에게 어머니가 손짓으로 바다를 가리켰다. 집 앞 바다에 덴마가 하나 떠 있었다. 덴마는 거룻배의 일종으로 노 젓는 작은 배를 말한다.

덴마에는 노를 잡고 서 있는 젊은 처녀가 있었다. 흑단 같은 머리를 뒤로 묶고 흰 저고리에 검정 통치마를 입었다. 그는 자갈밭으로 나갔다.

"뭐시여?"

처녀는 노를 움켜쥔 채 물었다.

"당신이 T라는 사람이오?"

"그런디 왜?"

중간에 깨어서 그는 짜증이 난 상태였다.

"당신 이야기를 많이 들었소."

인물 좋고 힘 좋고 어장 잘한다는 소문이 이미 여러 마을에 퍼진 것이다.

"그래서 직접 확인하고 싶어서 온 것이오."
"뭘 확인한다고."
"진짜로 그런 사람인지."
"알아서 뭐 하게."
"……"
"근디 혼자서 노를 저어 온 거여?"
"그럼 무슨 방법이 있소? 집에 있는 배가 이 덴마 한 척뿐인디."
"치마 입고?"
"남자를 보러 오는디 몸뻬 입고 올 수는 없잖소."

 눈부신 5월 햇살을 배경으로 덴마 위 흰 저고리에 검정 치마의 처녀와 갯가의 총각. 그러니까 처녀는 다른 마을 사람으로 제법 먼 거리를 직접 노 저어 찾아온 거였다. 이 멋진 풍경은 그러나 오래가지 않게 된다.
"배를 좀 대겠소."
"돌아가."
"아따… 한 시간이나 노를 저어 왔단께."
"누가 오라고 했어?"
"잠깐 말이나 좀 섞어 봅시다."
"나 자야 돼."
"잠깐이면 돼요."

"가라니까."

처녀는 급기야 노를 저어 가까이 왔다. 삼촌은 조약돌을 집어 던졌다. 돌이 배 근처에 통통, 떨어졌다.

"이러지 마시오."

"돌아가랑게."

"말이나 좀 해 보잖게요."

"안 해."

"몇 마디만 좀 해 보믄 쓰겄구만."

"아, 돌아가라고."

그런 식으로 이미 여러 마디 주고받기도 했고 당장 날아오는 돌멩이 때문에 처녀는 급히 배를 돌려야 했다. 그는 서둘러 방으로 들어가 부족한 잠을 자기 시작했고 노를 저어 천천히 멀어지는 처녀를 어머니는 오래도록 바라보았다.

'말이나 좀 섞어 봅시다'는 당신을 잘 알고 싶고 나쁘지 않다면 사귀고 싶소, 아닌가. 나아가 결혼까지도. 하지만 이 근사한 처녀는 다시 한 시간을 노 저어 가야 했으니 운이 없는 편이었다. 삼촌은 피곤했고 옆 마을의 한 처녀와 이제 막 연애를 시작한 참이었다. 인생은 역시 타이밍이다.

## 거시기 즈가부지

거시기는 특정인이나 물건, 상황, 숫자 등 얼른 생각 안 나거나 숨길 필요가 있을 때 사용하는 만능 대명사이다. 어떤 정황에도 다 쓸 수 있다. 심지어
"거시기하다 보니께 거시기하기가 좀 거시기하지?"
"아닌 게 아니라 상당히 거시기하구만."
이런 대화 충분히 가능하다. 알아듣는다는 소리. 영화 〈황산벌〉에서 신라군 지휘부가 이 단어 때문에 골치 아파하는 장면이 나온다. 백제군의 군사 작전용 단어라고 여겨서. 그래서 그러겠지만 흔히 전라도 방언으로 알려졌는데 이거 표준어란다.

언어에 표준이 있을 수 없다는 나의 신념은 미뤄 두고 잠시 좀 멀리 가자.

낮 열두 시경, 프랑스 파리 한복판 시테섬을 나는 걷고 있었다. 한여름 휴가철이라 관광객들이 많았다. 여차하면 동양인 서양인 막론하고 연달아 어깨를 부딪칠 정도였으니까.

들리는 말도 전 세계 언어들이었다. 불어 독어 스페인어 영어에 일본어 중국어 그 외 또, 또.

왜 이 별에 사는 종족들은 언어가 모두 다를까, 어떤 커다란 의도가 숨어 있는 건 아닐까, 싶기까지 했다.

생각해 보자. 어느 날 외계인 두 명이 하루 차이로 우리에게 각각 방문한다. 둘의 외모가 똑같아서 확인해 보니 지구에서 200광년 떨어진, 같은 행성에서 온 자들이다. 그런데도 서로 쓰는 말이 다른 것 아닌가(심지어 의심하면서 서로 꼬나보고 있다면?). 같은 별에서 왔는데 언어가 다르다면 우리는 참으로 이상하게 생각할 수밖에 없다. 우리가 그러고 있는데 말이다.

그렇게 나는 지구 언어들을 귀담아듣고 있었다. 중국인은 명령만 내리는 황제나 제후의 언어 습관을 따라 하다 보니 저런 발음이 만들어진 게 아닐까, 프랑스인은 언제라도 입 맞출 준비를 하고 있는 거 아닐까, 독일 사람들은 내가 지금 화났다고 분명하게 알려 주기 위한 마음이 언어로 옮겨 온 게 분명해…. 일본어는 저자세로 변명하거나 달래는 것 같고 스페인어는 짧은 시간에 최대한 많은 말을 하려다가 저렇게 되는 것 같고… 혼자 쓰잘데 없는 생각에 빠져 있던 그때 중년 여성의 카랑카랑한 목소리가 뒤통수 쪽에서 강력하게 울려 퍼졌다.

"거시기 즈가부지, 루부루가 그짝이 아닌갑소!"

파리 한복판에서 날카롭게 울려 퍼진 한국어, 중에서도 전라도 말. 목소리가 워낙 커서 전 세계 사람들이 중년 여성을 바라보았는데 무슨 뜻일까, 저렇게 크게 말한 이유는 뭘까, 궁금해하는 모습이 역력했다. 중요한 것은 많은 종류의 지구인 중에서 그 말을 알아들을 수 있는 사람은 나 혼자였던 것.

나는 웃으면서 제자리에 섰다. 저 앞에서 걸어가던 거시기 즈 가부지는 되돌아서서

"이짝이 아니믄 워딘디?"

대꾸했다. 나는 다가오는 전라도 아주머니에게 손가락을 가리키며 말했다.

"루부루는 쩌어짝이요!"

아주머니는 반색했다.

"오메, 전라도 사람이요?"

루부루가 그짝이 아닌갑소!에 무슨 다른 뜻이 있겠는가. 길을 잘못 들어왔다는 것 외에 단지 나는 한국 사람이고 그중에서도 전라도 사람이라는 뜻이지. 암튼 살면서 가장 먼 곳에서 들어 본 전라도 언어였다. 아주머니는 "고맙소이" 인사하고서 남편과 왼편으로 꺾어 '루부루박물관'을 향해 걸어갔다.

언어는 자기 것이고 자기 동네 것이다. 그러니 외국 가서 길을 모르면 힘차게 외치자. 한국말로. 그것도 자기 지역 언어로. 어디선가 알아듣는 사람 나온다.

## 어머니, 저 새는

내 선배 세대 이야기다. 10대 후반 여성이 서울로 올라가 식모 생활을 하던 때 생긴 에피소드인데 식모는 그 시절의 가정부를 뜻한다.

섬마을 어린 처녀가 식모로 갔다가 딱 삼 개월 뒤에 귀향했다. 그만두었는지 잠시 휴가를 얻었는지는(삼 개월 만에 휴가는 쉽지 않겠지만) 전해 내려오지 않는다. 일단 되돌아왔다는 것이 중요하다.

이 처녀, 모일에 내려갈 거라고 전보를 보내 놨었다(전보電報, telegraphy는 전신을 이용한 문서 배달 서비스로 당시로서는 가장 빠른 연락 수단이었다). 덕분에 엄마와 친구들이 우르르 마중을 나왔다. 서울 생활에 대한 궁금증이 얼마나 컸을까, 짐작은 어렵지 않다.

드디어 여객선이 도착했고 이 처녀가 내렸다. 낡은 적삼 차림에 꽁지머리 질끈 묶고 보따리 안은 채 떠났던 모습은 온데간데없었다. 세련된 헤어에 나일론 원피스를 입고 핸드백에 하이힐

신은 신식 여성이 내렸으니까.

확 바뀐 모습에 마중 나온 일행은 감탄을 연발하며 모여들었다. 처녀가 인사했다. 서울 말투로.

"어머니, 안녕하셨어요? 어머 길자야, 순심아, 봉순아, 잘 지냈니?"

그리고 주변을 빙 둘러보고는 말을 이었다.

"고향 산천은 그대로이구나."

일행은 뜨악했다. 말투가 바뀐 것은 그렇다 치더라도 삼 개월 만에 고향 산천 운운은 심했으니 말이다. 그녀의 말투는 마을로 가는 길에서도 이어졌다.

"순심이는 비누로 좀 씻지 그랬니, 봉순이는 아직도 고무신뿐이니?… 어머나, 김 씨네 사당도 그대로이네."

기분이 몹시 나빠진 친구들은 뒤통수 흘기면서 순서대로 멀어졌다. 처녀는 고개 중턱에 있는 집에 도착했다. 엄마는 속이 부글거리는 것을 그때까지는 잘 참았다. 어쨌든 서울 생활 하고 온 딸이니까. 서울이라는 곳이 그렇게 짧은 순간에 사람을 완벽하게 바꿔 놓는 공간일 가능성도 있으니까.

그러니 거기까지만 해야 했다. 하지만 처녀는 그예 한 걸음 더 나아가고 말았다. 마당에 닭 몇 마리가 구구거리고 있었는데 그걸 보고 이렇게 말했던 것이다.

"어머니, 저 새는 무슨 새예요?"

결국 엄마는 폭발했다.

"니에미 씹새다, 이년아!"

# 길 1 – 찔 따라가믄

예닐곱 살 때 외가에 갔는데 외삼촌이 심부름을 시켰다. 무슨 물건을 누구네 집에 가져다주고 오라는 것으로 한 번도 안 가 본 곳이었다. 물건을 배달할 그 집이 도대체 어디에 있는 겁니까, 자신 없어 하는 내 표정은 그런 내용을 담고 있었다. 외삼촌은 고개 돌려 턱짓을 하면서 말했다.

"저리 쭈욱 찔 따라가믄 파란 대문 집이 나온다. 그 집에 주고 오니라."

찔은 길路이다. 길거리를 '찔거리'라 말한다. 근데 사람이 어딘가로 갈 때는 당연히 길로 가는 거 아닌가… 외삼촌은 뭔가를 심각하게 만들고 있었기에 나는 더 이상 묻지 못하고 찔을 따라 걸었다. 여러 채의 집이 지나도록 오르막은 계속되었고 우물도 지나고 또 몇 채의 집, 그리고 가게 하나. 이 가게가 외가가 있는 덕촌리에서 내가 다녀 본 곳의 마지막 집이었다.

그 뒤 골목에서는 당연히 처음 본 집만 계속 나왔다. '파란 대문, 파란 대문… 노란 대문 말고…' 마침내 파란 대문 집이 나왔고 문이 열려 있었으며 조심히 들어서자 그 집 남자가 먼저 손에 쥔 것을 보고 반가워했다.

내 최초의 택배 배달은 그 정도에서 잘 끝났다, 라고 말할 수 없다. 거기까지는 성공이었는데 돌아오다가 다른 골목으로 접어들고 말았던 것이다. Y 형태여서 갈 때는 안 보였던 길이 느닷없이 나타났던 것. 그렇게 낯선 골목이 이어졌고 어느 지점에서는 또 두 개의 길로 나뉘어 있었다.

길이란 게 이렇게 많았단 말인가… 어린 나는 탄식을 했다. 도대체 이 골목은 어디로 가는 것이며 처음 보는 저 골목은 또 무어란 말인가. 결국 죄다 걸어 보고(한마디로 길에서 길을 잃어버렸다는 소리인데, 이 사건의 변형된 꿈을 그 뒤로 곧잘 꾸곤 했다) 빙빙 돌아 바닷가까지 내려간 다음 다시 외갓집으로 올라와야 했는데, 너 길 잃어버렸지? 외삼촌이 놀리기도 했는데, 세상의 모든 것을 연결하는 '길'에 대한 첫 번째 자각을 한 순간이었다.

두 살 정도로 저 판잣집에서 살았다고 한다. 아랫도리 터진 것은 그 시절 남자아이들의 일반적인 모습.

그나마 섬마을 작은 동네라서 그 정도로 끝났다. 열 살 되던 해 여수로 전학을 간 나는 처음 간 학교에서 집으로 오다가 길을 잃고 시내를 한 바퀴 빙 돌아 밤늦은 시간에야 쫄쫄 굶은 상태로 돌아올 수 있었다.

뭐 이런 기억은 다들 한두 개씩은 있기 마련이다. 그렇다면 궁금증 하나. 거문도 최초의 길은 어떻게 만들어졌을까.

오래전 한 사람이 있었다.

그가 중요한 이유는 맨 처음 거문도에 살러 들어온 사람이기 때문이다. 수천만 년 동안 바람과 파도와 나무와 풀과 새의 거처였던 곳에 처음으로 발을 디딘 사람(이 순간 배경으로 웅장하고 비장한 음악이 나오면 딱인데). 섬의 입장에서는 매우 성가신 사건이었지만 이곳에서 살고 있는 우리 주민 입장에서는 가히 혁명적인 순간이었다. 미지의 영역에 첫 발자국을 찍는다는 게 그런 거니까.

그 사람이 누군지는 아무도 모른다. 기록이 남아 있지 않으니까.

최초로 무언가를 했던 이에 대하여 우리는 의외로 잘 모르고 있다. 무슨 말이냐, 아메리카 대륙을 발견하거나 달에 착륙한 사람을 정확히 기억하고 있는데, 라는 반문이 예상된다. 그렇다면 되묻는다. 최초로 바퀴 도형을 그려 본 사람, 곱셈을 착안한 사람, 착하게 살아야 한다고 누구보다 먼저 생각한 사람, 그물을 만들어 낸 사람, 장어구이에 생강채를 얹어 본 사람, 개새끼라는 욕을 맨 처음 한 사람… 이런 이들에 대해 알고 있는 게 무어가 있는가.

심지어 하나님의 행적에 관한 기록도 이렇게 반론이 있다. 폴 데이비스의 책 『현대물리학이 발견한 창조주』 제 2장 시작 부분에는 다음과 같은 두 개의 어록이 인용되어 있다.

태초에 하나님께서 천지를 창조하시니라. ─ 『창세기』 1장 1절
하지만 아무도 그곳에서 그것을 본 이가 없다. ─ 스티븐 와인버그 『태초의 3분간』

아 글쎄, 세상에 가장 큰 영향력을 끼치고 있다는 성서의 시작 부분에 대해서도 이렇게 시비를 걸고 있지 않은가. 단순하게 따져 봐도 사람을 창조해 낸 다음에야 누가 뭘 보거나 말거나 할 일이지만 하나님을 만든 존재가 따로 있지 않은 이상 그것을 본 사람은 아무도 없는 게 맞기는 하다.

아무튼 그런 시빗거리는 그 교리를 믿는 이들과 와인버그 같은 과학자에게 맡겨 놓자. 나는 지금 우주를 만든 사건보다 어마어마하게 소박한, 이 섬에 처음 들어온 사람에 대해 이야기하는 중이니까.

누가 타임머신을 빌려준다면 그 사람을 찾아갈 것이다. 왜, 무엇 때문에, 이 망망대해 절해고도에 발을 들여놓았는지 물어

보고 싶으니까. 하지만 타임머신은 아직도 과학자나 공상가의 머릿속에만 있는 것이고 설사 각고의 노력 끝에 어떤 천재가 한 대 만들었다고 해도 빌려줄 것 같지는 않다.

그래서 그 사람이 누군지 모르는 게 당연하다. 분명한 것은 단 하나, 그런 사람이 있었다는 것. 바람에 날리고 파도에 밀려온 씨앗에 의해 지금의 풍성한 식물 군락이 존재하듯, 그런 사람이 있으니까 우리가 이곳에 살고 있는 중이다.

그는 누구고 왜 왔을까.

이 섬에 대한 최초의 기록은 『세종실록』에 나오는데 이름이 고초도이다. 고도와 초도를 합친 단어로 지금의 거문도로 짐작된다고들 한다. 거문도의 옛 이름 중 하나가 고도孤島이고 20여 킬로미터 떨어진 곳에 초도草島가 있으니까(거문도와 초도, 손죽도를 합쳐 삼산면이다). 거문도 안에도 고도古島가 있는데 현재는 섬의 중심지이지만 1885년 영국군들이 함락하기 전까지 무인도였던 데다 거문도 세 개 섬 중에(그래서 거문도 옛 지명이 삼도이다) 가장 작다.

거문도라는 단어는 『정조실록』에 나온다. 하지만 그때의 거문도도 손죽도에 속해 있는 소거문도로 보인다. 영국군 점령 이후 정식 이름이 거문도가 되었다고 보는 게 합당하다, 가 대략적인 의견들이다.

근데 이런 역사적 배경을 줄줄 늘어놓으면 재미없다. 이 정도에서 그만한다. 지금 중요한 것은 그게 아니니까. 다시 한번, 맨 처음 이 섬에 발을 디딘 사람 이야기이니까. 마을 사람들 사이에서는 추씨 성을 가진 사람이 청산도에서 건너왔다는 게 전설처럼 내려온다. 하지만 스티븐 와인버그 말대로 그때 그 장면을 본 사람은 없다(그래서 지금 내 머리가 복잡하다).

누구든 간에, 한 사람이 이 섬에 도착했고 처음으로 발을 디뎠다. 어떤 사연이 있었을까.

**추측 1**

처음부터 살러 오지는 않았을 것이다. 가장 확률이 높은 경우는, 고기잡이나 갯것(간조대에서 해산물을 채취하는 행위)하러 종종 오다가 마침내 이주를 결행했을 것으로 본다. 우리도 조금 떨어져 있는 무인도로 자주 낚시와 갯것을 가니까. 오랫동안 그래 왔으면 이 섬이 익숙했을 것이다. 청산도에서 그럭저럭(보다는 근근이) 살았는데 날씨 좋은 어느 날 거문도를 한동안 바라보다가 두 주먹 불끈 쥐며 이렇게 결단을 내린다.

'그래, 가자. 차라리 사람 없는 저곳으로 가서 살아 보자.'

일단 혼자 왔고 나중에 가족과 세간을 배에 싣고 왔을 것이다. 당시는 돛 달고 다녔으니 최소한 반나절은 걸렸을 것. 영화 〈인터스텔라〉의 쿠퍼처럼 새로운 곳을 찾아서. 사람 없는 섬은 해산물이 풍부하고 산림을 개간하여 밭을 만들면 그게 내 것이 되니까.

이렇듯 육지를 떠나 가까운 섬으로, 그다음 섬으로, 또 더 먼 섬으로 인간의 영역이 넓어진 가장 큰 이유는 개간할 밭과 어장의 유리함이었을 테니까.

**추측 2**

어장 왔거나 또는 배를 타고 지나가던 사람이 풍랑을 만난다. 돛이 찢어졌거나 노가 부러졌을 수도 있다. 전복되지 않으면 표류다. 난파당하여 표류했다면 널빤지를 타고 왔을 수도 있다. 간신히 섬에 닿는다(닿지 못하고 죽어 버린 사람, 얼마나 많았을까). 자신이 이렇게 되어 버렸다는 사실을 아는 사람에게 전달할 방법이 전혀 없다. 그러니 살아야 한다. 혹시 지나가거나 찾아오는 배를 기다리며.

**추측 3**

비인간적인 군역과 과도한 징세 같은, 관아의 폭력에 시달리던 그는 세상이 너무 더럽고 싫다. 죽지는 못하겠고 세상이 확 뒤집히면 좋겠는데 오늘이 어제와 같기만 했다. 국가 행정의 행동 대장인 이방이 또 찾아와, 곤장을 맞게 해 주겠다, 한 삼 년 푹 썩게 해 주겠다, 괴롭히는 꼴 보다가 울컥해서 주먹으로 짓이겨 놓은 다음 죽을 각오로 밤도망을 친다. 형법과 세금과 군역이 없는 곳으로. 율도국이 어디 있는지 모르겠고 무릉도원은 중국이라 몹시 멀고 지리산 청학동은 찾아가는 도중에 잡힐 것 같다. 그래서 운명을 배에 실어 먼바다로 보내 본 것.

**추측 4**

 그 사람 이름은 돌쇠다. 마당쇠여도 상관없다. 신분을 뛰어넘어 주인마님을 사랑한다. 마님도 돌쇠에게 쌀밥을 자주 먹인다. (중략) 둘은 멀고 먼 섬으로 도망쳐서 살기로 한다(뻔하니까 뒷부분도 생략).

 아무튼 그 사람이 도착한 곳은 해안이다(너무 당연한 소리). 그는 뱃줄을 묶어 놓고(널빤지였다면 버리고) 바닷가에 서서 섬을 둘러본다. 타원형으로 빙 둘러 있는 세 개의 섬. 하나는 길쭉하고(서도) 하나는 적당하고(동도) 하나는 그보다 작다(고도).
 세 개의 섬은 완만한 각도를 이루며 서로 마주 보고 있다. 그 가운데에 있는, 100만 평 정도로 널찍한 안마당 같은 바다. 풍랑 피하기 딱 좋은 구조(보통의 섬마을은 넓은 바다를 향해 트여 있는데 이곳은 마을과 마을이 서로를 바라보는 형국이다). 산은 구릉을 통해 이어졌으며 낮지 않고 나무도 풍성하다. 이 정도 크기면 물도 넉넉할 거라는 짐작이 가능하다.
 그는 본능적으로 도랑을 찾아 걷기 시작한다. 가장 중요한 게 물이니까. 수천만 년 동안 저 홀로 흘러내렸던 맑은 도랑이 나타난다. 그는 땅에 경배하듯 엎드려 물을 들이켠다. 달고 시원하다. 발자취가 없던 곳에 처음으로 발자국이 생기는 순간. 도랑 하류에서 그는 상류로 올라간다.
 그때가 처음으로 길이 만들어지는 순간이다. 사람살이의 시작.

이윽고 집이 하나 생기면서 길 또한 분명해진다. 한 채 더 늘면 처음의 집에서 그 집까지 길이 또 만들어진다. 걷기 편한 곳을 찾아 걸으면 그대로 길이 된다. 사이사이 나무를 뽑아내고 돌을 깔기도 하면서.

그 이후로 많은 시간이 흘렀다. 여자아이가 태어나 첫걸음 떼고 해초 채취하고 밭매고 시집을 가고 아이를 낳고 죽었다. 남자아이가 태어나 첫걸음 떼고 물고기 잡고 장가가고 집을 짓고 죽었다.

얼마나 많은 사람이 이곳에서 살았을까. 지구에서 그동안 살다 죽은 현생 인류가 990억 명이란다(누가 셌을까). 거문도는 어땠을까. 거칠게 계산해 보면 이렇다. 1940년대 이곳 인구는 대략 5천 명. 현재는 2천 명도 안 되지만 내가 어렸을 땐 9천 명가량 있었으니 5천 명을 평균치 잡아도 될 듯하며 세종 때의 고초도를 이곳 거문도로 가정하고 30년을 한 세대로 봐서 700 나누기 30년은 23. 거기에 곱하기 5천 하면 11만 5천 명. 세종 때부터만 해서 그렇다는 결론. 많다.

예전엔 남해안에서 제주까지 돛단배로 사흘 걸렸다. 거문도는 이틀 정도 걸렸을 것이다. 배인들 많았겠는가. 육지 한번 못 나가 보고 평생 이 좁은 섬에서 살았던 사람이 대부분이었을 게 뻔하다.

할머니의 가장 친했던 친구는 흑산도 할매였다. 흑산도에서 이곳으로 시집와 사셨던 분이다. 흑산도와 거문도는 멀다. 여객선은 당연히 없었다. 거기는 목포권이고 이곳은 여수 고흥권이니까. 그러나 어선은 다녔다. 거문도 배가 그쪽으로 어장 나갔다가 흑산도에 들르는 일도, 그 반대도 간혹 있었다. 피항하거나 연료를 사기 위해.

 흑산도에 들른 거문도 배의 한 선원이 어떤 집 딸에게 중매를 섰을 것이다. 아니면 직접 장가들었는지도 모른다. 그것도 확인할 길이 없다. 아무튼 이야기가 잘되었던지, 그녀는 어선 타고 시집을 왔다. 그리고 평생(나도 몇 번 본 적이 있는데) 서쪽 바다를 바라보며 내 고향 흑산도야, 소리를 했다. 그런 날이면 할머니는 부침개 부쳐서 같이 막걸리를 마셨다. 두 분은 밭일도, 물질도, 갯것도, 바느질도 함께했는데 그 친구분은 먼저 돌아가셨다. 그렇게도 가 보고 싶었던 고향에 한 번도 가 보지 못하고 말이다.

 20세기에도 이 정도였으니 예전 시절에 육지나 다른 섬에 간다는 것은 언감생심이다. 그저 이 좁은 섬이 세상 전부이고 우주였다. 마을 주민이 전 인류였다.

 그들 11만 5천 명의 생명과 사연. 그들의 노동과 외로움과 고난과 약간의 즐거움(몇몇을 제외한 대부분은 그렇게들 살아왔으니까). 웃음과 눈물. 그 흔적은 역사의 기록물과 낮게 내려앉아 있는 무덤들에 의해 고스란히 남아 있다.

# 경엽 씨 것은 경엽 씨 마음대로, 내 것은 내 마음대로

바닷물고기 중에 잡히면 소리를 내는 애들이 간혹 있다. 쥐치는 이빨 가는 소리를 낸다. 쥐가 내는 소리와 비슷하다고 해서 쥐치이다. 복어도 비슷한 소리를 내는데 이빨이 단단해서 종종 바늘을 끊어 내기도 한다.

성대는 '구욱, 구욱' 소리를 내고 전갱이는 말 그대로 비명을 지른다. 낚아내서 손으로 움켜잡으면 '꽤액' 소리가 난다(섬에서 잡는 전갱이는 해안가보다 훨씬 크다). 배 속의 공기가 빠져나오는 소리로 보이지만 영락없는 비명이다.

전갱이는 비교적 흔한 물고기다. 고등어와 어울려 문다. '메가리'라고도 하고 일본어인 '아지'로 기억하는 노인들도 많다. 워낙 맛이 좋아 인기가 높다. 횟감으로 뛰어나고 구워 먹고 지져 먹기도 한다. 제주도에서는 각재기국이라 해서 국을 끓여 먹기도 한다. 그러든 말든.

우리처럼 수면 위에서 살고 있는 족속들이 바닷속으로 들어가면 깜짝 놀란다. 전혀 다른 풍경이니까. 아홉 살 때 할머니 물안경 쓰고 처음 들어가 봤던 바닷속 풍경의 경이로움은 지금도 고스란히 기억에 남아 있다.

전갱이도 그럴 것이다. 공기로 되어 있는 세상. 처음 보는 사람이라는 존재. 더군다나 바늘에 꿰여 저항 끝에 올라왔으니까 얼마나 낯설고 두려울까. 일곱 살에 낚시를 시작했으니 낚시 경력 반세기가 넘어서야 비로소 물고기의 고통과 비애를 생각해 보는 것인데 이 또한 그러든 말든.


'경엽 씨 것은 경엽 씨 마음대로, 내 것은 내 마음대로'는 할머니에게 내가 한 말이다. 그동안 쓴 산문에서 가장 많이 등장한 사람이 할머니였다. 거문도 동도에서 태어나 서도 덕촌의 사내에게 시집을 왔고 스물여섯 살에 청상과부가 되었다.

그녀의 남편, 즉 내 외할아버지는 태평양전쟁 때 사이판 인근 바다에서 미군 B-25 폭격에 돌아가셨다. 일본 해군 기지를 돌아다니던 배의 선원이셨는데 징용의 성격이 상당했다.

그때부터 세 자식 키우며 오로지 일, 일, 일로 살아온 장본인이 할머니이다. 어느 정도였냐면 흔히 쓰는 목장갑이 손에 들어가지를 않았다. 노동으로 인해 손가락이 얼마나 굵어졌으면 그랬을까. 나는 어릴 때부터 할머니와 친했다. 내가 좋아했고 나를 좋아하셨다.

조금 전 말한 그 전갱이를 큰 놈으로 몇십 마리 잡아 온 적이 있다. 할머니는 맛있는 생선을 잡아 왔다고 좋아했다. 내가 먹을 거 열 마리 빼놓고 모두 드렸다.
이제 두 사람은 수돗가에서 전갱이 손질에 들어간다. 그런데 아무리 친해도, 서로가 서로를 애틋하게 여긴다 해도, 여기에도 성격 차이는 등장한다.
할머니는 대가리와 꼬리를 깔끔하게 잘라 낸다. 전갱이에게는 어두일미가 안 통한다. 대가리에 먹을 게 전혀 없기 때문. 그래서 그녀가 손질한 전갱이는 대가리와 꼬리가 잘려진, 두툼한 살덩어리가 된다. 반면에 나는 그대로 남겨 둔다. 할머니는 그게 마음에 안 든다. 그것도 몹시.
"대가리 띠 불어라. 꼬랑지는 또 뭐 한다고 붙여 논다냐!"
그예 못 참고 참견해 온다. 요리했을 때 제 모습을 모두 가지고 있는 게 좋다, 고 나는 항변한다. 그게 죽인 물고기에 대한 예의라고. 하지만 할머니 입장에서는 턱도 없는 소리이다. 그러기에 내 것을 흘낏거리며 계속 혀를 찬다. 뭐라고 구시렁거리기까지 하면서. 참다못한 내가 다시 입을 열었다.
"경엽 씨 전갱이는 경엽 씨 마음대로, 내 전갱이는 내 마음대로. 됐죠?"

경엽은 할머니 이름이다. 공경할 경敬에 입사귀 엽葉을 쓴다. 나의 경엽 씨는 어쩔 수 없이 혀를 더 차면서 "그래, 알았다…" 하셨다. 마침 휴대폰이 울렸고 나는 수건에 손 닦고 조금 걸어가 전화를 받았다. 통화를 마치고 돌아와 보니 내 전갱이 열 마리의 대가리와 꼬리가 말끔하게 사라져 있었다.

기가 막혀 바라보는 나를 할머니는 애써 외면하며 조용히 자기 것 손질을 이어 갔다.

'아이고 할머니… 아이고 경엽 씨….'

섬마을에서 생선을 손질할 때는 공통의 방식(대대로 해 오면서 가장 효과적인 방법으로 굳어지니까)이 있는가 하면 또 각각의 방식이 있다. 다큐를 보면 세상 모든 항구에서의 생선 손질이 같으면서도 다르다.

생선 손질의 가장 보편적인 방법은 비늘을 치고 배를 길게 갈라 내장을 꺼내는 순서이다. 하지만 장어는 등 쪽에서 칼을 넣는다. 그게 배를 그어 내리는 것보다 편리하기 때문이다. 여기 주민들이 학꽁치를 손질할 때도 등 쪽으로 칼을 넣고 척추뼈를 제거한 다음 넓게 벌린다. 하지만 나는 반대다. 칼 옆면으로 살을 넓게 벌릴 때 조금 뭉그러지기 마련인데 난 그게 싫어서 배를 가르고 살을 벌리지 않고 손질한다.

다 자기 마음이다. 경엽 씨 것은 경엽 씨 마음대로, 창훈이 것은 창훈이 마음대로이니까.

# 국만 먹는 내 사람

계속 할머니 이야기이다.

오래전 거문도 한 마을에 노부부가 있었다. 가난했고 선량했고 부부 사이가 좋았다. 이웃에 불량스러운 사내가 살고 있었다. 법 없이도 살 사람과 법이 있어야 살 사람이 붙어살고 있던 것이다. 지금 한국 사회가 그렇듯이.

어느 날 영감과 사내 사이에 다툼이 생겼다. 점점 목소리가 올라가고 삿대질 거쳐 급기야 영감을 때리려는 동작을 하기에 이르렀다. 이 사내는 툭하면 사람들에게 손찌검하는 버릇이 있었는데 순간 할멈이 끼어들어 사내에게 대들었다. 사내가 결국 할멈을 때렸다(진행이 어째 이렇게 되지? 영감과 할멈이 반대가 되어야 하는 거 아닌가 싶지만 아무튼). 그때 영감 입에서 나온 말.

"왜 때려! 왜 때려! 건더기는 나 주고 국만 먹는 내 사람을 왜 때려."

고깃국이 생기면 건더기를 모두 영감 국그릇에 쌓아 주고 남은 국물만 먹는 사람이라는 소리. 건더기를 모아 줘서 사이가 좋

나의 경엽 씨, 할머니.

아졌는지는 모르겠지만, 고기만 받아먹은 영감이 너무했다는 생각도 들지만, 오래되어 그 진위는 모른다. 다만, 서로 건더기를 밀어 주는 애틋한 노부부의 모습은 눈앞에 그려진다. 이 말이 싸움 구경을 하던 이들에 의해 번졌는데 결국 나에게도 건너오기에 이른다.

나는 어렸을 때부터 국물을 좋아했다. 물도 많이 마시고 식사 때마다 건더기보다는 멀국을 벌컥거렸다. 할머니는 그때마다 '국만 먹는 내 사람'이라고 부르면서 웃었다.

거문도는 집집마다 별호가 있다. 내 외갓집은 '소방수네'였다. 동네에 무슨 일이 생기기만 하면 외할아버지가 득달같이 뛰어갔다고 해서 붙은 별칭이다. 내 친구 Y의 집은 '모구네'이다. 육지 사람 누가 들어오면 할아버지가 모기처럼 딱 달라붙어 다녔다고 해서 생겼다.

몇 개 더 기억해 보면 이렇다. 밍바네는 마당에 큰 바위가 있는데 그 덕에 가족들 수명이 길다 하여(명바위) 붙은 이름이다. 호랑이네는 그 집 남자가 날쌔게 갯바위를 뛰어다닌대서, 헤떡제이네는 대대로 남자들 머리가 '헤떡' 벗겨진 민머리 집안이라서 붙었다. 외숙모의 친정집은 예전에 고양이를 길렀다고 해서 고양이네이다(어떻게든 별칭을 붙인다).

조금 전 그 집은 '국만 먹는 내 사람네'였다 거문도에서 가장 긴 별호였다.

# 자네 하나부지는

이번에는 할아버지 이야기를 잠시 하자.

이야기했듯이 할아버지는 미군 B-25 폭격에 돌아가셨다. 습작기 시절 나는 마을 위쪽에 살고 계신, 같은 배를 탔다가 극적으로 살아 돌아온 분을 찾아가봤었다. 그분은 화석처럼 굳은 얼굴로 기침을 몇 번씩 해 가며 당시 상황을 이야기해 주셨다. 그분 이야기 내용이다.

그랑께 자네 하나부지(할아버지)께서는 나보다 쪼끔 몬야(먼저) 가셨는디 서일본기선회사라는 디의 다까선마루를 탔어. 많을 다多, 좋을 가嘉, 그라고 마루는 배 이름에 붙는 호,여. 그래서 다까선마루여. 서일본기선회사는 여객선 회산디 부산에서 여수를 거치고 거문도 들러 제주도까지 댕기던 배 회사여. 천오백 톤인디 회사에서 제리(제일) 커. 나뉴아도꾸에서 제 갖고(만들어 가지고) 인수받은 거여.

자네 하나부지가 먼첨(먼저) 타고 제명이 즈그 성하고(제명이란 사람의 형과) 작년에 죽은 태성이하고 신추(거문도 지명) 어른하고 같이 탔어. 신추 어른은 남방이었는디 남방은 기관부에서 제일루 대가리여(선원 직책 중 하나로 No.1 OILER인데 일본어 영향으로 넘버원을 남방이라 불렀으며 조기장이 맞는 표현이다).

 그러다 우리 배가 고요선(전시 임무를 띠고 차출된 배)으로 정해져 베렸어. 고요선 간다믄 군대 입대하는 것과 같은 일이라서 이별을 한다고 가족들 다 부르게 됐거든. 살림 있는 사람들은 다 불렀어, 부산으로. 그때 집이도(할머니를 가리킴) 통지 있었을 것이요(할머니는 통지받지 못했다고 답했다).

 긍께 저놈들이(일본군들이) 급할 때 아녀? 고요선 된다 하믄 한국 선원들이 도망치고 그라니께 대판(오사카) 갔다 와서 정식으로 고요선 된다고 그랬어. 배는 새것인디 느려서 대판까지 닷새가 걸렸고 그때는 석탄을 땠어. 지금은 기름이잖어? 선원만 해도 서른너이가 되는디 선장이고 사관은 모두 일본놈이여. 한국 사람은 몇이 안 돼.

 대판 가서 철물을 싣고 구레항 가서 준비를 허는디 일본놈들 재력이 다 엎어질 판이라 대포도 읎이 야포를 실었어. 그리고 군인을 열서이(열셋)를 실었어. 그놈들은 기관총 거시기 네 명이 있고 또 쓸데없는 야포지만 그거 손질하고 다꾸라야라고 도라무깡(드럼통)보담 쪼깜 작은 것인디 우리말로 하자믄 폭뢰라고, 잠수함 잡는 거, 그것도 손질하고 그랬어.

뇌관 딱 조정해서 바다로 떠냉기믄(떠넘기면) 속으로 까랑져서(가라앉아서) 터지는 그것을 니 개(네 개)나 실었어. 그리고 갔어… 그리고 인자(이제) 한국까지 못 돌아와 베렀어. 자네 하나 부지는… 나 혼자만 돌아왔어… 살아서….

　구레 항공대에서 휘발유를 싣고 남양군도(미크로네시아)까지 몰고 갔어. 사이판 마리아나 군도까지 더 몰고 가야 돼. 화물선하고 호위선하고 모두 서른야달(서른여덟)척이여. 우리 배가 젤 늦었어. 9마일로 가니께. 죽고사고(힘들게) 갔어. 그러나 잘 갔어. 무사히 사이판까지 갔단 말이여. 간 도중에 배가 두 척밖에 안 해졌어(당했어). 미국놈들 거슥에(거시기에). 무기 싣고 가던 두 척이 잠수함헌티 당한 거여.

　사이판에서는 도라꾸 섬이라고 하는 디까지 갈 예정이었는디 사이판에서 며칠 더 가야 되는 디여. 도라꾸 항공대에 기름 퍼줄라고 말이여. 근디 우리 배 선장이 무서워서 꾀를 냈어. 거슥(거시기)도 없다, 물도 모지랠(모자랄) 뿐만 아니라 석탄을 더 실어야 허는디 우리 배는 당까선(유조선 형태의 배)이라 더 못 싣는다, 가기는 하지만 돌아오지를 못한다, 억지를 쓴 거여.

　글믄(그러면) 할 수 읎다, 해 가지고 따른 배를 한나(하나) 그리 돌렸어. 그래 사이판에서 기름 푸고 나서 돌아올 판인디 일이 뫼얏게(묘하게) 돼 베린단 말이여.

　사이판 섬이 수십 개로 돼 있는디 거기 댕기던 객선이(여객선이) 공습을 받았든가 으쨌든가 깨져 부렀어. 배들 중에 우리 배가 천오백 톤으로 제일로 즉어. 그래서 우리 배를 객선으로 쓰겄다고 사이판 남양청에서 딱 끊어 베렸다(정해 버렸다) 그 말이여. 그랑께 일본 안 보내 주고 그냥 주저앉혀 베렸다 그 말이여. 그래서 거그서 한 달이나 또 있었어. 항내에 배 달아매 놓고(정박해 놓고).

으짠(어떤) 수가 있는고니… 우리 배가 참 어중간해. 사이판에서는 팔구백 톤짜리가 객선 하기 좋은디 천오백 톤짜리를 객선으로 쓰자니 쪼깜 어중간해. 더군다나 배도 늦고 그래논께.

그래서 우리를 바라오 본청으로 넹게 부렀어(넘겨 버렸어). 즈그들도 한번 읃어 논 건께 처분이 안 돼. 반납이 안 된다고. 가랑께(가라니까) 할 수 읎이 갔어. 바라오 본청으로.

사이판에서 바라오까지 사흘 걸려. 1차대전 때 독일이 관리하던 데여. 바라오에서 또 짐을 싣고 인도네시아 바리코파발이란 디를 갔어. 그 전에 화란(네덜란드) 영토였는디 보르네오 이짝(이쪽)은 영국 영토고 저짝은 화란 영토고. 거그서 짐 퍼주고 다시 오다가 사고가 났어.

응, 기뢰. 미국놈들이 바다에다가 띄워 논 것. 자석이 들어서 쇠꼿(쇳덩이)이 졑에(곁에) 붙으믄 폭발하게 돼 있거든. 그것에 걸려서 배 한쪽이 깨졌어. 같이 오던 다른 배는 예인선하고 경호선을 부르러 바리코파발로 다시 가고 우리 배는 이렇게 무인도에 뽀짝(바짝) 붙여 놨어. 왜 그런고니 폭격기가 공습을 할라믄 툭 터져 있어야 하는디, 그러니께 배가 숨는 것도 되고 폭격기가 섬에 부딪힐까 싶어 공격을 잘 못 해.

다음 날 밤에 B25 폭격기가 왔어. 츰(처음)에는 이렇게 폭격을 할라다가 뒤로 섬에 의지하고 있어서 공격을 잘 못하고 이번이는 이짝으로 돌아서 공격을 했어. 폭탄 시 개(세 개)가 떨어졌어.

나는 이물(배 앞부분) 쪽으로 도망을 갔는디 가믄서 본게 자네 하나부지하고 제맹이 즈그 성하고 기관실로 들어갔어. 기관부라 놔서 그리 들어간 거여. 폭탄 한나가 바다에 떨어지고 또 한나가 딱 기관실에 떨어졌어. 그것이 터지믄서 나도 하늘로 팅겨져서 정신을 놔 베리고 말았어….

그 어른의 회고는 그렇게 끝났다. 내가 상처를 묻자 낡은 러닝셔츠 목 부분을 끌어내서 흉터를 보여 주셨다. 목 부분에서 아랫배까지 마치 쟁기질해 놓은 것처럼 굵은 흉터가 살을 뚫고 솟아 나와 있었다. 할머니는 조용히 앉아만 있었다.

할머니의 중년 때 모습. 나중에 영정으로 쓰였다.

밤늦어 돌아오는 길에 그녀는 별 총총한 밤하늘을 한동안 바라보다가 다시 걸으며 노래처럼 흥얼거렸다.
"꽃 피면 온다더니 열매 맺어도 오지 않네…."

## 태풍의 마음

태풍이 덮치면 섬은 그야말로 지옥이다. 깨질 것처럼 유리창 떨어 대는 소리를 들으며 방구석에 박혀 그저 빨리 지나가기만 기다리게 된다. 가장 무서운 게 바람 소리 자체이다. 집 옆으로 초음속 제트기가 계속 날아간다고나 할까. 극도의 분노를 소리로 만들면 아마도 이럴 것이다. 오늘 내가 죽는 걸까, 싶기까지 하니까.

섬은 땅이다. 땅에서도 그런데 바다에서는 어떻겠는가. 캐나다 아트록 그룹 로즈Rose의 노래 〈A Taste Of Neptune〉 가사에는 거센 풍랑을 만난 사람의 절규가 나온다.

··· 바다의 신이여
당신 앞에서 저는 장난감에 불과하며
(Lord of the sea
I'm a toy in your hands)
뭍에서 온 하찮은 아이일 뿐입니다

제발 저를 놓아주소서
광대한 당신의 영역에서 벌거벗은 나
또다시 침범하였으나 부디 이해해 주소서…

"a toy in your hands"라는 문구를 보면 도덕경에 나오는 '천지불인 이만물위추구天地不仁 以万物为刍狗(천지는 인자하지 않아서 만물을 짚으로 만든 개 인형처럼 여긴다)'가 저절로 떠오른다. 천지는 자연 상태 그대로 움직일 뿐이다, 로 해석되고는 하지만 그러든지 말든지 태풍 속에 있다 보면 고작 개 인형만도 못하다는 느낌, 정말 확실하게 든다.

먼저, 초등 1학년. 일곱 살 때였다.

태풍이 거문도로 밀려왔고 나는 동도 죽촌마을에서 살고 있었다. 바닷가 자갈밭이 있고 자갈이 끝나는 부분에서 마을이 시작되어 넓게 펼쳐져 있던 집과 집이 점차 모아지다가 산길이 시작되는 곳에서 마감되었는데 내가 살던 집은 그 마감되는 곳에 있었다. 그러니 마을의 이런저런 집 뒤통수가 한눈에 들어오는 판잣집이었다.

붉은색 양철을 군데군데 붙이고 있는 판자 지붕은 매우 시끄러운 소리를 내며 바람을 버텨 보느라 안간힘을 쓰고 있었는데 보는 사람이 다 애가 탈 정도였다. 매우 부실한 집이었고 그 부실함이 적나라하게 드러날 정도로 바람이 매서웠다.

빗방울이 날카롭게 후려갈기고 뒷산 나무나 마당의 국화 화분이나 매한가지로 옆으로 기울어지다가 빠지직, 우당탕 소리를 내며 숫제 누워 버렸다. 바다는 푸른색은 온데간데없이 온통 하얗게 부서지고 뒤집어졌다.

그 정도면 피난을 가야 했다. 보따리 이고 지고 고개 잔뜩 숙여 도착한 곳은 바닷가 집이었다. 그곳은 할머니의 막내 남동생 집으로 시멘트로 지어서 튼튼했으며 내 이모뻘이자 초등학교 같은 반 친구 집이기도 했다. 어른들은 안방에 몰려 앉아 피해 걱정으로 두런두런 말을 나누는데 아무래도 답답했던 나는 절대 나가지 말라는 엄명을 어기고 슬그머니 밖으로 나갔다. 벽에 붙어 서서 바다 구경을 했던 것이다.

태어나서 처음 보는 광경이 바다에서 벌어지고 있었다. 집채보다 더 큰 파도가 축항(구형 방파제)을 타고 올라 미친병 도진 맹수처럼 포효하며 날뛰고 있었고 마을에서는 땅에 붙어 있지 못하는 모든 것들이 하늘로 치솟아 회오리를 타고 제멋대로 휘돌았다.

덴마 같은 작은 배들은 이미 자갈밭으로 끌어 올려 놓았다. 그렇지 못하는 어선들은 가지고 있는 모든 밧줄을 사용해 이렇게 묶고 저렇게 얽어 놓았지만 파도와 바람의 힘을 못 이겨 순간순간 팽팽하게 뻗대겼고 그럴 때마다 위아래로 솟구치거나 가라앉다 말고 몸뚱이를 파르르 떨어 댔다. 악마의 저주를 받아 긴 창자들이 뽑혀 나오는 듯했다. 그러다 파도가 밀려오는 고도 쪽으로 고개를 돌리던 나는 순간 몸이 굳어 버렸다.

어선 한 척이 내가 있는 동도 쪽으로 오고 있었는데 그 옆구리는 태평양을 향해 툭 터져 있는 곳이라 어마어마한 파도가 매섭게 몰려오고 있었다. 어선은 곤두박질치다가 순간 푹 꺼져 내 눈에서 사라졌다.

아아, 혼자 그것을 본 것이다. 배가 저 파도 속으로 그냥 가라앉아 버린 거 아닌가. 나는 귀신 홀린 아이처럼 멍하니 서 있을 수밖에 없었다. 또 사람이 죽었구나, 지금 막 바닷속으로 가라앉은 사람들은 아직 숨이 넘어가지 않았을 텐데, 숨도 못 쉬고 이리저리 마구 휩쓸릴 텐데, 싶어 내 숨이 다 막혀 버린 것이다.

그도 그럴 것이 여름 물놀이하다가 큰 파도에 휩쓸린 적이 여러 번 있었다. 힘 한번 못 써 보고 뒹굴림 당해 바닥에 얼굴이 깎이며 사방 천지 구분도 못 하는 그런 경험 말이다.

지금쯤은 숨이 끊어졌을까… 차라리 죽은 게 편할 수도 있을 텐데… 이따 저녁이면 가족들은 또 얼마나 슬프게 울까, 싶어 눈앞이 캄캄해졌다.

그러고 있자니 배가 다시 파도 위로 불쑥 솟아오르는 게 아닌가. 아 살아 있구나, 이번에는 가슴을 쓸어내렸다. 그것도 잠시 배는 바닷속으로 처박히며 흔적도 없이 다시 사라졌다. 어선 조타실 위에 세워 둔 부표용 나무까지 보이지 않았다. 이번에는 정말로 가라앉은 것이다.

하지만 어선은 다시 나타났다. 그러니까 그 배는 어마어마한 파도를 타고 있던 것이다. 파도 골 속으로 파묻히면 내 눈에 보이지 않았던 것. 배는 조금씩 가까워졌고 나중에는 가까이서 볼 수 있었다. 치솟았던 몸뚱이가 다시 곤두박질을 치면 뱃부리가 파도 속에 잠길 정도였고 처박힌 끝에 자지러지며 치솟아 오르면 갑판에서 허연 바닷물이 좌우로 쏟아져 내렸다. 엄청난 시련에 엉엉 우는 듯한 모습이었다. 고작 바로 옆 섬에서 건너오는데도 막소주 한 사발 원샷하고 죽을 각오로 왔다고 나중에 전해 들었다.

거기에 해일이 닥친다는 라디오 속보가 이어졌다. 해일이 뭔가 물었고 어마어마하게 큰 파도라고 들었다. 눈앞의 파도만 해도 어마어마하지 않은가, 되물었고 이런 파도보다 수십 수백 배 더 커서 섬을 삼킬 정도의 크기라고 재차 설명을 들었다.

나는 기가 막혔고 조금 전보다 더 심각해졌다. 내가 찌클은 세숫물에 휩쓸림 당하는 개미들이 떠오른 것이다. 섬보다 더 큰 파도? 정말이지 이놈의 세상엔 어쩌자고 그런 것까지 있다는 말인가. 섬에 살고 있는 모두가, 집들 배들이, 개미처럼 바닷속으로 빠져들며 뒤엉켜 흩어져 버린단 말인가? 그렇지, 그 말이겠지? 그럼 이 섬까지 없어지는 걸까? 딱딱한 바위인데? 돌로 되었으니까 섬은 사라지지 않겠지. 하지만 섬만 남으면 뭐 하나. 사람들이 모두 바다로 쓸려가 버리면….

나중에 다른 사람들이 들어와 또 살아? 집 짓고 밭 만들고 학교 짓고? 살다가 또 해일이라는 것이 와서 쓸어 가면 또 죽고…

또다시 와서 살고… 그럴 거면 도대체 무엇 때문에 산단 말인가….

일곱 살짜리 아이는 생사의 갈림길에서 그렇게 생명 윤회 장르의 고독한 고민을 했었는데 정확히는 가위눌려 있었을 것이다.

그리고 초등 5학년 겨울.

섬 안에 있어도 이렇게 공포를 만나는데 이번에는 말 그대로 바다 위에서 있었던 일이다(아 참, 해일. 아이만 잔뜩 쫄게 만들어 놓고 오지 않았다).

나는 여수와 거문도를 오가던 신라호 조타실 좁은 방에 사무장이던 외삼촌에 의해 눕혀 있었다. 여수 출발 오후 배라 거문도 가는 도중에 날이 저물었고 손죽도쯤에서 기상이 급격하게 나빠졌다. 요즘 쓰는 용어로 바꾸면 풍랑경보. 그러니까 중간에 사나운 돌풍을 만나 버린 것.

무선 통신으로 상황을 확인한 외삼촌과 선장은 의논했고 되돌아가거나 손죽도에서 피항하는 것으로 결정을 내렸다.

문제는 여객 손님들이었다. 상황이 이러니 나로도로 되돌아가거나 손죽도에서 피항하자고 설득하러 선실로 내려간 외삼촌은 손님들에게 되레 설득당해 올라왔다. 꼭 가야 한다는 사람들이 우, 들고일어났단다. 그렇게 풍랑경보의 바다로 돌진하게 된 것이다.

혹시 되돌아가면 어떡하지, 걱정했던 나도 다행으로 여겼는데 그게 얼마나 바보 같은 생각이었는지 깨닫는 데에는 채 십 분이 걸리지 않았다. 손죽도를 떠난 여객선은 곧바로 곤두박질치며 달궈진 냄비 속의 콩알처럼 제멋대로 뛰놀기 시작했다. 나는 양쪽 벽에 연달아 부딪히며 이런 날씨에 꼭 가야 한다고 고집부린 손님들은 저주받게 될 거라고 이를 갈았다(나도 그랬다는 건 금방 잊어버리고).

일단 문을 열고 나갔다. 죽을 땐 죽더라도 좁고 컴컴한 방 안에 혼자 누워 있는 짓은 도저히 못 견딜 노릇이었다. 귀신은 늘 등 뒤에서 나타나는 데서 알 수 있듯이 공포란 눈으로 확인하지 못할 때 더욱 커지기 마련 아닌가. 내가 어떤 상황에서 죽는지는 알아야지….

파도가 2층 조타실 유리창을 후려쳤고 문을 닫아걸었는데도 바닥이 흥건했다. 배의 불빛을 받은 바다는 괴물의 이빨이나 혀 또는 독침 같기만 했다. 엔진 소리 때문에 어딘가로 간다는 것만 알지 어디로 가는 건지, 어떻게 가는 건지 구분이 불가능했다.

그런데 이게 맛보기였다. 초도를 지나 거문도로 향하자(이 구간은 평소에도 파도가 높다) 말 그대로 바다는 미쳐 날뛰기 시작했다. 파도가 조타실 넘어 반대쪽으로 떨어졌다. 한마디로 지옥으로 들어가 버린 것이다. 지옥이라는 게 있다면, 태어나서 처음으로, 크리스마스이브 때 단팥빵 얻어먹으러 간 제일교회 목사 말처럼 죽어도 죽지 못하고 살아도 살지 못하는 아수라 야차의 지옥이 있다면, 그게 고스란히 어린 내 눈앞에 와 있는 그거였다.

"얼른 안 들어가냐."

외삼촌 일갈에 나는 헛구역질 두어 번 하고 다시 들어갈 수밖에 없었다. 지옥이라면, 그렇다면 기도라는 것을 해야 할 것 같았고, 사실 그런 생각 들기 전부터 저절로 두 손이 맞잡아졌다. 하나님 아부지… 그게 태어나서 딱 한 번 해 본 기도였다. 살아서 이 바다를 빠져나갈 수만 있다면 무어 무어를 꼭 하겠으며 무어 무어는 절대 하지 않겠다던, 반성과 결심으로만 가득 차 있던 그 기도.

나는 어둠 속에서 그렇게 중얼거리며 좌우로 구르기만 했다. 배가 옆 파도를 탄 덕에 양쪽으로 구르면(그래 봤자 반 바퀴이지만) 몸 안의 피와 뼈와 살이 모두 몸 바깥으로 빠져나가려는 듯했고 곧이어 맞은편으로 급하게 쏠렸다.

이 정도 심한 롤링은 한참 세월이 지난 후 극지연구소 쇄빙연구선 아라온호를 타고 북극해 가면서 만난 베링해에서 다시 경험하게 된다. 어쨌든.

조타실을 때리고 넘어가는 파도가 바람에 휩쓸리는 굉음만 계속 들렸다. 그 소리와 엔진음 외에는 아무것도 들리지 않았다. 그러자 문 열어 보고 싶은 마음이 싹 가셔 버렸다. 조타실에 있던 삼촌이랑 선원들이 모두 사라졌다는 것을 확인하게 될까 봐 무서웠던 것이다. 사람들은 모두 파도에 휩쓸려 사라져 버리고 칠흑 같은 밤바다 폭풍우 속으로 여객선만 홀로 가는데 어린것 하나 그 속에 누워 있다고 상상해 보시라.

그날 밤 초도에서 거문도까지 가는 두 시간이 내 인생 가장 길었던 시간 1순위에 뽑힌다. 죽음 직전까지 내몰렸던 신라호는 간신히 거문도에 도착했고 주민들이 모두 뛰쳐나와 이런 상황에 어떻게 왔느냐, 혀를 내둘렀다.

특히나 할머니는 집에 들어서는 외삼촌에게 무모한 짓을 했다며 야단치다가 삼촌 뒤에 서 있는 나를 발견하고는 뒤로 넘어갈 듯 기함했고, 달려와 얼굴을 매만지며 끊임없이 혀를 찼다.

태풍은 지금도 온다. 작년에도 몇 개 거문도 쪽으로 왔다. 밤내내 그 광폭한 바람과 거대한 파도가 섬 때리는 소리를 가만히 귀 기울여 보면 태풍의 마음도 들린다. 이렇게.

'너희들 아무것도 아니란 거 아직도 모르니?'

# 태풍이 또 왔단게요

최근 태풍 이야기이다.

태풍 하나가 지나갔다. 오키나와 동남동 870km 해상에서 탄생하여 휘몰아치는 광란의 삶을 살다가 사흘 만에 급격하게 소멸해 간 것이다. 급박한 탄생과 창졸간의 소멸이라는 점에서 본다면 태풍 같은 것도 없을 것이다(우주의 시각에서 보면 우리 인류가 그런 존재일 것이다. 그러니 자식을 낳는 것으로 버티는 거겠지). 우리 섬에서도 태풍 맞을 준비를 했다. 주변을 정리하고 밧줄로 지붕을 묶고 어선도 대피했다.

예전에 육지의 어떤 부부가 태풍의 맛을 보고 싶다고 섬엘 찾아왔단다. 그들은 죽어도 책임 안 진다는 조건으로 주인을 설득하고 바다 위 가두리에서 하룻밤을 보내게 되었다. 그날 밤 태풍이 거문도를 덮쳤다. 태풍은 그들이 앉아 있던 컨테이너를 두 동강 내 버렸다. 졸지에 생이별을 한 부부는 광풍 휘몰아치는 밤바다 위에서 서로를 향해 울부짖어야 했다. 운이 좋아 살아났지만 정작 그 밤에 배를 몰고 달려간 주인은 정말 운이 나빴다.

이렇게까지 할 것은 없지만 태풍은 한 번쯤 경험해 볼 만한 것이기는 하다. 거대한 방파제를 깨 버리는 힘, 머리카락이 빠져나갈 것 같은 기세, 갯바위 타고 하늘로 올라가는 흰 파도. 이 도도한 자연의 힘을 보는 것만으로도 한동안은 겸손해진다. 사람을 겸손하게 만들기가 얼마나 어려운지 알고 있다면 태풍의 매력은 더욱 빛나게 된다.
 태풍이 오면 이곳 사람들에게도 변화가 생긴다. 당장은 바닷속이 뒤집어져 어장이 좋아질 확률이 높다. 가라앉고 나면 도미 낚으러 가야겠다고 나부터 생각했으니까. 주민들 결속력도 좋아진다. 정보를 주고받기 위해 술좌석이 저절로 만들어진다. 스티로폼 상자가 날아가고 철제 난간이 떨어져 나가면 그 수만큼 팔리게 될 것이고 피항 온 선원들의 습격에 노래방과 단란주점, 당구장은 때 아닌 호황이다. 혼자 사는 여자 집단속해 주러 갔다가 영원히 보살피게 된 사내도 적지 않다.
 태풍은 늘 북상하기 때문에 제주도가 일차 저지선이 된다. 최고의 방파제이다. 제주도가 없었다면 우리는 해마다 몇 배의 태풍 피해를 입게 될 것이다. 한라산과 그곳 주민들에게 감사해야 할 이유이다.
 하지만 태풍이 서울을 관통할 때 가장 큰일 난 것처럼 뉴스가 한바탕 난리를 친다. 대한민국=서울인 것이다. 2003년 매미 때, 이제 태풍이 대한민국을 빠져나가니 안심하라고 공중파 방송 기자가 멘트를 했다. 그리고 조금 있다가 태풍이 울릉도에 도착했다.

그리고 또 하나의 태풍이 제대로 온 것이다. 조금 전 혼자 사는 여자 집단속해 주러 갔다가 영원히 보살피게 된 사내가 이곳 거문도에 적지 않다고 말했는데 그중 한 명이 거문반점 하는 후배이다. 파도가 일고 바람이 강해지기 시작하던 시간, 밥 먹으러 오라는 후배의 연락이 있었다. 가 보니 갈비찜과 생선구이로 상이 푸짐했다.

기상이 나쁜 날은 장사를 쉬는 시간이다. 그런 날은 이렇게 잘 차려 먹으며 장사에 지친 심신을 달래기도 한다. 그렇지만 밥상이 무슨 기념일 같았다. 그들 부부는 결혼기념일 같은 것도 기념하지 않는다고 들었다. 태풍 매미 때 혼자 있는 여자 집이 걱정되어 단속해 주러 갔고 미친 것처럼 불어오는 비바람을 무서워해서 함께 잤고 그러다가 결혼하게 된 그 부부는 그러니까 태풍을 기념하는 것으로 보였다.

밥 잘 얻어먹고 나는 내 집으로 넘어오지 못했다. 그사이 본격적인 광풍이 불어오기 시작해서 고도와 서도를 잇는 다리를 건너올 수 없었기 때문이다. 파도를 타고 커다란 돌덩이가 함께 날아오고 있었다. 나는 거문슈퍼 문간방으로 들어갔는데 이날이 고향으로 돌아와 살고 있는 내내 유일한 외박이었다.

미쳐 날뛰는 바람이 밤 내내 불었다. 다리에서는 귀곡성 같은 울음이 계속되었다. 경험이 없는 사람들은 그 소리가 무서워 잠들지 못한다.

밤중에 정전이 되어서 횟집 수족관 물고기가 모두 죽어 버렸다. 모텔 간판은 떨어지고 가두리 그물이 찢어져 애써 키운 능성어가 죄다 빠져나가 버렸다. 어떤 할머니가 사는 집은 지붕이 통째 뒤집힌 채 옆집 지붕 위로 넘어갔고 배도 여러 척 부서져 버렸다.

두고 온 집이 걱정되었던 나는 다음 날 아침, 다리를 넘어오려다가 되돌아서고 말았다. 아직도 돌멩이가 날아 올라오고 있었기 때문이다. 보통 태풍이 닥치면 몇 시간 후려치다가 순간 잠잠해지는데 이번 것은 워낙 반경이 넓어서 열두 시간 넘게 계속되었던 것.

오후가 되어서야 간신히 돌아왔는데 얼마나 파도가 강했던지 집 앞에 복어와 조개, 심지어는 전복까지 밀려와 있었다. 한 끼 반찬거리는 생겼지만 섬마을이 온통 시름에 잠겨 버려서 먹을 마음이 생기지 않았다. 상황이 이러니 후배 부부의 첫날밤 기념 또한 무색하게 되어 버렸다. 그러나 사람은 살아갈 테고 태풍도 또 올 것이다. 늘 그랬으니까.

# 바람이 분다

이야기 나온 김에 바람을 분류해 보자.

동풍은 동쪽에서 불어오는 바람이다. 동쪽으로 가는 바람 아니다. 동풍은 힘찬 파도가 인다. 때문에 동쪽으로 트여 있는 내 집 앞 백사장에는 온갖 쓰레기가 쌓인다. 그러니 이 바람엔 가급적 바다에 안 나간다. 개고생할 게 뻔하니까.

남풍은 습기를 머금고 있어 비가 따라오기 십상이다. 4월 하순부터는 남동 계절풍이 분다. 그래서 5월부터는 안개의 계절이 된다. 동시에 이 바람은 묵직한 너울을 동반한다. 당연히 바다에 안 나간다. 이렇듯 동풍과 남풍이면 불편하다.

서풍과 북풍은 바다가 안정된다. 활동하기에 편하다. 동풍이 강하게 불다가 서풍으로 바뀌면, 아직은 파도가 높아도 바다 나갈 준비를 한다. 곧 가라앉으니까.

이게 네 방위 바람의 기본적인 특징이다. 이곳 용어로 동풍은 샛바람이고 남풍은 마파람이다. 서풍은 갈바람, 북풍은 높하늬바람. 섬 생활은 바람이 좌우한다고 해도 과언이 아니다. 눈

뜨면 오늘 어느 바람이 부는가부터 살피니까 당연히 세분화시켜 왔다.

그 사이 틈새 바람은 이렇다. 북동풍은 높새바람, 남동풍은 서마파람, 남서풍은 갈마파람 또는 높바람이다. 그리고 북서풍은 하늬바람이다. 조금 복잡한 데다 지역마다 조금씩 다르기도 하다.

특이한 게 북서풍인 하늬바람이다. 건조하고 신선하다. 하지만 10월 하순부터 불어오는 북서풍은 상당히 다르다. 이 시기에 부는 바람이 북서 계절풍이다. 4월 중순까지 몽골 고비사막 쪽에서 불어온다. 봄철 황사가 타고 오는 바람이 이것이다.

나는 겨울이 되면 육지의 이런저런 작가 레지던시에 간다. 이유는 단 하나, 북서 계절풍이 싫기 때문이다. 냉기 가득한 이 계절풍은 사람을 몹시 힘들게 한다. 날카롭고 을씨년스럽고 살을 에게 만든다. 스산하기까지 해서 보고 있는 것만으로도 움츠러든다.

겨울에 거문도 찾아온 한 여행객이 여객선 내리자마자 이 바람을 만났다. 한동안 수면의 흰 파도를 바라보다가 혼잣말을 했다.

"내가 미쳤지… 여기를 왜 왔을까."

바람과 관련된 주민들의 축적된 정보도 많다. 예를 들면 이런 것들.

갈바람은 서늘하여 고향의 바람이다.

여름 해 질 무렵 해가 붉으면 이삼 일 후에 비가 온다.

가을 해 질 무렵 해가 붉으면 날이 좋다.

구시월 늦도지는 호랑이보다 무섭다(도지는 돌풍).

구름이 돌다가 부분, 부분 떨어져 나가면서 흘러가면 큰바람이 분다.

검은 구름의 끝이 붉게 비치면 큰바람이 분다.

아침 북새에 외아들 배 태우지 말고 저녁 북새에는 냇가에 소를 매지 말라(북새는 노을이나 햇무리를 말한다. 해가 구름과 어울려서 붉게 비치는 현상 말이다).

아침의 동쪽 북새는 비가 올 것을 알려 준다.

구름들 사이에서 우뚝 솟아나는 구름이 있으면 샛바람이 분다.

멀리 있는 것이 가까이 보이면 비가 온다.

갯강구가 민가 가까이 오면 파도가 높아진다.

등등….

# 길 2 – 당재 가는 길

 마을의 안녕과 풍어를 기원하며 당제堂祭를 모셨던, 당堂이 있는 고갯길이라 해서 당재이다. 거문도 동도 죽촌마을에 있다.
 이곳 이야기를 하려면 어렸을 때로 잠깐 돌아가야 한다. 섬을 떠나 여수로 전학을 간 게 열 살이었다. 일찍 고향을 떠났기에 바닷가에서 또래들과 마음껏 놀았던 장면이나 어떤 집에 안 좋은 일이 생기면 십시일반 도왔던 공동체 기억들이 내 안에 그대로 남아 있었다. 향수병을 앓아서 아침에 눈뜨면 막막한 기분에 싸인 적 여러 번이었다.
 그때 나는 먼 섬에서 온, 물정 모르는 까까머리 촌놈이었다. 얼마나 뭣을 몰랐냐면, 축구라는 것을 처음 해 봤는데 최초의 자리는 수비수였다. 상대가 공격해 오자 당황한 나는 골을 라인 아웃시켜 버렸다. 그러면 골킥이 되는 줄 알았다. 코너킥 개념을 몰랐던 것.
 그즈음부터 같은 꿈을 꾸기 시작한다. 그 꿈에 관해 설명하기는 쉽지 않다. 꿈의 속성이 그렇지 않은가. 분명한데 동시에 애매모호하며 그러면서도 강렬한 것이니까. 특히 같은 꿈을 되풀이해서 꾸는 것은 무언가에 대한 상징이거나 암시일 가능성이 높다.

설명해 보면 이렇다.

거문도 남동쪽 먼 곳에 어떤 섬이 하나 있다. 봉우리 몇 개가 우뚝 솟아 있기는 하지만 크지는 않다. 그곳에는 중년 남자 한 사람이 살고 있다. 꿈속에서 그는 나와 깊은 연관이 있는 사람이다. 잘 알고 있는 사람이라는 소리. 그러나 누군지 정확히는 모른다. 내가 찾아가면 그저 담담한 얼굴로 나를 맞이한다. 그리고 자신이 하던 일을 그냥 계속할 뿐이다. 내용은 딱 거기까지이다.

문제는 그 섬을 찾아가기가 용이치 않다는 것이다. 가는 배가 없다. 있을 때도 있는데 출발 시간이 수시로 바뀌거나 아예 취소돼 버리기도 한다. 그러면 나는 발을 동동 구른다. 어찌어찌해서 배를 탄다고 하더라도 더 큰 문제가 있다. 다가갈수록 그 섬은 자꾸 더 멀어진다. 그래서 설명하기가 쉽지 않다는 것이다.

평균 세 번 정도 꾸면 한 번은 그 섬에 가고 나머지 두 번은 항구에서 발을 구르거나 섬을 찾아 바다를 헤맨다. 그 섬 또한 중년 남자처럼 나와 가까운 공간인데도 도통 만나기가 쉽지 않은 것이다. 심지어 섬이 어디로 이동해 버리기도 한다.

그 꿈을 꾸고 나면 맥이 풀려 아무것도 못 하곤 했다. 나는 아침에 눈뜨면 벌떡 일어나서 바로 움직이는 스타일인데 그 경우는 그렇지 못했다. 그래서 지청구 듣기 일쑤였다. 공연히 쓸쓸하고 먼 미래나 과거를 본 듯도 하고 좋아하는 사람을 만나지 못하는 안타까움마저 들곤 했다.

대략 초등학교 고학년부터 20대 초반까지 그 꿈을 꾸었는데, 그러니까 상당한 시간이 지났는데도 그곳이 어딘지, 그 남자가 누구인지 알 수 없었다. 하여 같은 꿈을 꾸고 나면 여수 선착장으로 가서 멀리 거문도 쪽 바다를 바라보고, 그곳에서 오는 여객선을 공연히 기다려 보기까지 했다. 그 행보는 매번 막걸릿집이나 연등천 포장마차에서 끝이 났다.

사십 대 중반, 나는 거문도로 다시 돌아왔다. 오랜만에 고향 섬에 돌아왔기에 하루 날 잡아 죽촌마을로 갔다. 내가 자랐던 곳이자 처음으로 친구가 생겼던 곳이니까. 어렸을 적 기억을 더듬어 이곳저곳을 다니다가 나중에는 당재를 오르기 시작했다. 이곳은 경사가 워낙 급해 코가 닿을 지경이라 코재라고도 부른다.

사당은 낡았으나 여전히 높은 나무 아래 홀연히, 기괴하게 서 있었다. 제를 지내고 나면 과일과 돈을 제물로 놓아두었기에 아이들은 늘 그것들을 탐냈는데 그 강렬한 유혹을 짓누르기 위해 사당 돈을 만지는 순간 손이 잘린다, 흉악한 병에 걸린다, 소리를 어른들이 해 놓았기에 다들 유혹과 불안 사이에서 가슴이 뛰곤 했었다.

한동안 사당을 둘러보다가 고개를 넘어가자 순간 새로운 풍경이 확 펼쳐졌다. 저만큼 뒤에 숨어 있던 섬이 나타났는데 그건 무인도인 큰삼부도였다. 그러면서 꿈속의 아련했던 그 섬이기도 했다. 나는 아예 퍼질러 앉아 기억을 조립해 갔고 어렸을 때 보았던 그 큰삼부도가 육지로 나간 다음 기억 속에서 변형을 일으켜 그런 섬으로 등장을 했을 거라는 결론에 도달했다.

   나는 숨을 길게 내쉬었다.

   섬은 그렇다 치고 중년 남자는 도대체 누구였을까? 담배를 연거푸 피우면서 곰곰이 생각해 본 끝에 이런 결론에 다다랐다. 어린 나는 그 어색하고 신비로운 꿈속의 시간을 타고 흘러가서 나이 든 나를 만난 것 아닐까… 내가 지금 그 중년 남자처럼 살고 있으니까.

# 표류를 해 보고 싶어

파리, 페르라셰즈 묘지에서 여덟 살 딸아이와.

"아빠, 표류해 봤어?"

느닷없는 이 질문은 육지 카페에서 딸아이가 해 왔던 것이다.

"잠깐 동안 해 보기는 했지. 엔진이 고장 나서 흘러가다가 닻을 놓고 다른 배 오기를 기다린 적이 있거든."

"그런 거 말고."

"진짜 표류했다면 내가 이렇게 네 앞에 앉아 있겠니?"

"그렇구나. 근데 나는 진짜 표류를 해 보고 싶어."

딸아이가 이러는 것은 놀랄 일도 아니다. 워낙 여행을 좋아하는 데다 색다른 것이라면 눈길부터 가는, 초등학생 때 가장 좋아하는 음식이 '초상집 육개장'이었을 정도로 특이한 캐릭터이니 말이다(요즘은 왜 아무도 안 돌아가셔? 소리를 그 시절 종종 했었다). 그 카페에서 내가 한 말은 대략 이랬다.

인류 최초의 배는 통나무였다. 이를테면 바닷가에 터를 잡고 살고 있던, 또는 거기까지 걸어간 어떤 사람이 무슨 이유에서인지 저만큼 떨어져 있는 섬으로 가 보게 된다. 무슨 방법으로? 통나무 붙잡고 두 발로 물을 차서. 그게 최초의 항해이다. 그런 사람 여럿 있었을 것인데 그중 바닷물 흐름을 잘 모르는 사람은 엉뚱한 곳으로 흘러가게 된다. 그게 또 최초의 표류이다. 의도치 않게 흘러가는 짓은 사람만 하는 게 아니다. 제주도 손바닥선인장도, 며칠 전 바닷가에서 발견한 대만 생수병도 표류의 결과이니까.

바다가 있는 이상 표류는 있어 왔다. 아빠는 먼 섬에 살고 있으니 표류가 낯선 단어도 아니고 옛날이야기만도 아니다. 예를 하나 들어 보겠다. 십여 년 전 일이다.

H 이모부는 낡은 배를 가지고 거문도 등대 너머로 장어 낚시를 다녔다. 나도 종종 함께 다녔다. 보통 수심 50에서 70미터 정도에 닻을 놓고 낚시를 한다. 이 양반의 가장 큰 특징은 술이다. 워낙 좋아하신다. 그러니 닻 놓고 낚시채비 넣자마자 바로 마셔

버린다. 나는 못 마시게 한다. 두 사람 중 한 명은 안 마셔야 한다는 이유. 뭐 맞는 말이다.

그렇게 혼자 홀짝인다. 별 반짝이는 밤하늘(달빛이 밝으면 장어가 잘 물지 않으므로 그믐이나 초승달 뜨는 밤에 주로 나간다), 출렁거리는 잔파도에 흔들리는 낡은 목선. 그리고 코 고는 소리.

그러다 무언가 갑판 스치는 소리가 난다. 그러니까 이모부는 낚싯줄을 팔목에 감고 잠이 들었는데 장어가 물어서 팔목이 움직였던 것이다. 그렇게 내가 대신 올려 잡은 장어가 여러 마리이다. 이제 이 이야기를 꺼낸 이유가 나온다.

술 좋아하는 양반들은 어딘가 허술하다. 이모부가 딱 그렇다. 평소 엔진 점검을 잘 안 한다(사실 나도 그렇다. 술을 좋아하니까). 전선이 끊어지면 사러 가다가 누군가 버린 전선 토막이 보이면 그거 주워다가 대충 이어 놓는다.

내가 섬에 없던 날 이모부 혼자 밤낚시를 나갔다가 엔진 고장으로 배가 떠밀리기 시작했다. 부랴부랴 닻을 던졌지만 앵커링이 되지 않았다. 닻이 앵커이다. 거문도 근처는 물살이 세고 닻줄은 최소한 수심의 세 배 길이는 되어야 한다. 그래야 닻이 먹힌다. 이모부의 닻줄은 충분치 않았다. 물살에 떠밀려 금방 수심 100미터를 넘어섰다. 이게 표류이다. 밤 내내 이모부 배는 두둥실 두리둥실 흘러갔다.

날이 밝았다. 가까이 지나가는 배는 없었다. 바다란 늘 배가 지나다니는 장소지만 워낙 넓어서 굳이 어떤 배 근처로 항해할 이유가 없다. 그러니 조명탄이나 신호 키트 같은 장비가 있어야 한다. 손 흔들고 악 질러 봤자 1킬로미터만 떨어져도 알아차리기 힘들다. 더군다나 항해하는 배에서 키를 잡고 있는 조타수나 항해사는 전진하는 곳만 바라본다. 그 외 선원들이 멍하니 다른 쪽 바다를 바라볼 확률은 제로에 가깝고.

다시 밤이 찾아왔다. 가지고 간 술도 전날 밤에 다 마셔 버렸으니 그야말로 쫄쫄 굶게 된다. 비상용 물은 있었다. 다시 날이 밝았고 어제 같은 하루가 그대로 재현된다. 이거 미칠 노릇이지만 그래도 이모부는 운이 정말 좋았다. 우리나라 남해안 바닷물은 구로시오黑潮 해류 영향을 받아 일본 쪽으로 흘러간다. 하지만 우리가 알지 못하는 지류, 그리고 바람의 영향도 받게 된다.

그날 지류와 바람이 이모부의 배를 동쪽이 아닌 남쪽으로 밀어냈다. 거문도에서 남쪽을 보면, 딱 한 군데 빼놓고는 망망대해 태평양이다. 그 한 군데는 제주도. 다행히 배는 그쪽으로 흘러갔다. 출발점에서 1도만 어긋났어도 이모부는 괌을 향해 갔을 것이고 호주나 뉴질랜드, 아니면 하와이 쪽으로 틀었다가 멕시코 난류를 타고 북쪽으로 가게 되고 지금쯤 북극 보퍼트해 정도에서 백골 형태로 발견이 될 가능성이 충분하다. 실제로 실종 시간 동안 이모는 한숨을 흘리며 지금쯤 태평양에 있겠구나, 하면서 남편의 위치를 특정하곤 했다.

여기서 사연 하나가 덧붙여진다. 이모부가 표류하기 일 년 전

이웃사촌이 제주로 이사 갔고 바닷가 집에서 살고 있었다. 이모부는 공교롭게도, 희한하게도, 4일째 오후, 딱 그 집 앞에 표착하게 된다. 마침 마당에서 앞바다를 바라보고 있던 그 집 식구들은
"저 배, 어째 눈에 익지 않어?"
"글쎄 우리 옆집 살던 거시기 아부지 배가 딱 저랬는데."
이런 대화 나누다가 어어, 하면서 대문을 박차고 달려 나갔다. 당시 이모부는 탈진 상태이긴 했으나 생명엔 지장이 없었고 포도당 수액이나 밥보다는 술과 담배를 몹시 원했다고 전해지는데 어쨌거나 그 집 식구들이 해경에 알리고(이모가 조난 신고를 해 두었다), 병원에 데리고 가서 검진하고(이틀 입원), 배 엔진 고쳐 주고, 퇴원시켜 곰탕 먹이는 수고까지 기꺼이 했다고 한다(이렇듯 살다 보면 의도치 않게 보살행을 할 때가 있다). 그렇게 이모부는 종합 검진을 마친(간이 많이 상했으니 술 좀 작작 마시라는 의사의 권고가 있었다) 몸으로 배를 몰고 거문도로 귀환하게 되었던 것.

엔진을 쓰는 요즘도 이러니 예전엔 당연히 더 잦았다. 산으로 간 사람은 제 발로 걸어 돌아오지만 바다는 그렇지 못하다. 산에서 못 돌아온 사람은 시신이라도 찾지만 바다는 역시나 그렇지 못하다. 돛 달고 나간 배는 여차하면 태평양으로 떠밀릴 확률이 늘 있었다. 배를 모는 것 자체가 죽음과 가까워지는 행위였던 것이다.

여기서 잠깐. 네가 돛단배를 몰고 나간다. 바다에서는 돛이

있고 바람만 있으면 어디든 갈 수 있다.
"진짜로?"
 진짜로. 동쪽으로 가려는데 하필 동풍이 분다. 어떻게 동쪽으로 갈 수 있을까. 돛의 방향을 이용해서 지그재그로 나아가면 된다. 그런데 왜 표류하지? 보통, 돛을 조종하기 불가능할 정도의 풍랑이나 돌풍을 만난 경우 발생한다. 이 정도면 속수무책이다. 또는 돛대가 상하거나 돛이 심하게 찢어지거나 뭐 그런 것까지 포함해서.

 우리나라에 표류기가 몇 권 있다. 가장 유명한 것이 최부의 『표해록』으로 왕에게 자신의 경로를 밝혀 올리는 보고서이다. 내가 재미있었던 것은 이선달의 『표주록』이고 그것보다 더 손이 갔던 것은 범우문고판으로 읽었던 장한철의 『표해록』이다. 이 책은 작고하신 정병욱 교수님이 번역하셨는데 범우문고판이 손에 들어오는 작은 책이라 가지고 다니면서 여러 번 읽었다. 너한테도 권하는 바다.
 이 책에 마음이 간 이유는 (공무원이 보고서로 쓴 게 아니라) 스스로 쓴 일기인 데다 절절한 사연은 물론 문장이 훌륭하고 묘사 또한 뛰어나서 매 순간의 상황이 생생하게 살아 있기 때문이다. 한마디로 표류란 이런 것이다, 딱 보여 주는 책이었던 것. 『제주 선비 구사일생 표류기』라고 내가 어린이용 책으로 각색해서 만들었던 이유이기도 하다.

제주 선비였던 장한철의 동선을 잠깐 살펴보면 이렇다. 제주 → 완도군 노어도(현 노화도) → 오키나와(중에서 호산도) → 제주 앞바다 → 청산도. 청산도에는 밤에 도착하였는데 심한 풍랑에 배가 절벽에 부딪혀서 스물한 명이 죽고 여덟만 살아나게 된다. 이 기간이 25일이다.

먼저, 왜 표류했는가, 가 중요하다. 이 표류의 핵심은 선장의 부주의이다. 배에는 닻이라는 것이 있다는 것 기억하지? 배가 노어도에 막 도착하려고 할 때 돌풍이 불었다. 그렇다 하더라도 서둘러 닻을 내리면 배는 정박할 수 있다(물론 풍랑이 심하면 이건 더 위험하다. 차라리 떠밀리는 게 낫다. 어쨌든 기록으로 보자면 그 정도는 아닌 듯하다). 하지만 배에 닻은 없고 돌멩이만 있었다. 당시는 닻을 나무로 만들었기에 가라앉히는 용도로 매달아 둔 돌이다.

장한철은 그 사실을 한탄하며 이렇게 썼다. '합정자필구삼지 내가삽착어수저 盍碇者必具三枝 乃可挿着於水低(원래 닻이란 세 개의 가지가 있어야만 물 아래 고정시킬 수 있는 것이다).' 일개 서생도 아는 사실을 선장이 놓친 것. 그렇게 해서 하염없이 떠밀려 가게 된다.

이 선장, 자신의 캐릭터를 분명하게 보여 준다. 또다시 커다란 풍랑을 만났을 때 먼저 죽을 준비를 해 버리는 것이다. 속장이라고, 스스로 염을 하고 죽은 모습이 되었던 거다. 선장이라는 자가 이러니 참 기가 막히지 않니? 오키나와 여러 섬 중에 호산도에 표착한 그는 왜구에게 옷가지와 짐을 뺏기는 등 갖은 고생 끝에 중국 사람들이 타고 있던(청을 피해 도망간 명나라 사람들) 커다란 베트남 배에 구조된다.

그 배를 얻어 타고 제주 가까이 와서 자신들의 작은 배에(그들의 배를 싣고 왔던 것으로 이 정도면 상당한 수준의 상선이다) 옮겨 탄다. 고생 끝에 제주로 다시 왔으나 또다시 풍랑. 이번에는 북쪽으로 밀려간다. 그리고 청산도.

책에는 그 과정이 꼼꼼하게 실려 있는데 이 양반, 심지어 이런 것까지 적어 놓았다. 청산도 벼랑에서 죽어 간 동료들을 간략하게 초상 치르자마자 인근의 젊은 과부를 꼬시려고 혈안이 된다. 장한철 입장에서는 성공한다. 과거에 급제하면 당신을 꼭 데리러 오겠소… 서방님만 믿고 기다리겠습니다… 뭐 이런 대화 나누게 된다. 『제주 선비 구사일생 표류기』는 어린이책이라 이 부분은 뺐다. 그리고 끝.

장한철은 사 년 뒤 과거에 합격한다. 제주의 대정 현감을 지냈다는 기록이 있다. 지금으로 치면 군수 정도이다. 청산도 여인을 찾아갔는지는 기록이 없어 알 수가 없다. 그래도 그 덕에 우리는 생생한 표류의 증언을 확보할 수 있었던 것이다(그렇다 하더라도 이런 놈은 만나지 마라!).

나는 종종 생각한다.
우리가 알고 있는 표류의 기록과 증언들은 살아남은 이들이 남긴 것이다. 그러다 보니 '표류 = 고생 = 가까스로 살아남은 이들의 기억'으로 받아들여진다. 하지만 아니다. 표류하다 죽어 버린 이들은 훨씬 더 많다. 오래전부터 지구 행성 여러 이름의 바다에서 아무도 모르는 상태로 구명정에, 난파선 널빤지에, 구명보트나 조끼에 목숨 의지하고 하염없이 흘러 다니다가 조금씩 죽어 갔던 이들이 얼마나 많았을까.

그들은 그렇게 사라져 버렸기에 아무런 증명도, 기록도 없다. 처절한 갈증과 굶주림, 두려움 속에서 죽어 간 이들을 생각해 보면, 그들이 마지막으로 보았을 하늘을 떠올려 보면 막막하기만 하다. 우리의 바다는 얼마나 넓고 넓은가.

숱한 표류들이 있다 보니 이런 일도 생겼다.

20대 초반에 친구 하나는 나에게 섬 이야기를 많이 들었다. 시간이 흘러 어느 회사에 들어간 그는 휴가철이 되자 입사 동기 둘을 설득해서 거문도로 여행을 오게 된다. 나는 육지 어느 공사 현장에 있던 때였고 핸드폰은 물론 신용카드도 없던 시절이었다.

2박 3일 일정이라 그들은 두 번째 밤에 돈을 다 써 버린다. 뱃삯만 남겨 두고. 그리고 운명처럼 다음 날 풍랑이 밀어닥친다. 섬사람들이나 기상에 신경을 쓰지 육지 사람들은 오늘 잔잔하면 내일도 그럴 거라 생각한다. 당연히 여객선이 오지 않았다.

그들은 필수 코스로 '그지'가 된다. 돈이 없으니 당연하다. 그들의 주거래 은행이 거문도에 있을 리 만무하다. 지금도 수협과 우체국, 농협만 있다. 풍랑은 비바람을 동반한다. 낮에는 마을에서 왔다 갔다 하던 그들은 저녁이 되자 자신들이 놀았던 유림해수욕장으로 찾아간다. 커다란 공용화장실 실내에서 비바람을 피하며 밤을 보낼 생각이었던 것이다.

깊은 밤 그들 중 한 명이 공연히 밖으로 나갔다가 샛바람에 떠밀려 온 그 무언가를 가로등 불빛에 보게 된다. 시신이었다. 누군가가 죽은 상태로, 자기 몸을 보트 삼아 표류해 온 것이다. 그들은 기겁을 하고, 신고를 하고, 해양경찰이 시신 수습하는 장면을 지켜보았는데, 해경들이 떠나자 도저히 그곳에 있을 수가 없었다. 그래서 또다시 마을로 들어가 이집 저집 처마를 거듭 왔다 갔다 하면서 밤을 지새우게 된다. 흠뻑 젖은 채.

이 친구는 그때 이야기를 한 번씩 하는데 아직도 나에 대한 원망이 남아 있다.

들었던 이야기 중에는 이런 것도 있다. 동해안 어느 바닷가에서 살고 있는 사람이 거문도로 낚시를 왔다. 그리고 갯바위에서 너울에 쓸려 사라졌다. 사람은 온데간데없고 낚시 가방만이(물에 뜨게 설계되어 있다) 하염없이 흘러가 동해안 자신의 집 근처까지 떠 갔단다. 이것도 표류이다.

하다 보니 분위기가 좀 그렇게 되어 버렸지만 넓은 바다가 있고 바람이 있고 해류가 있으니 표류는 끊임없이 일어난다. 당사자의 고통을 빼면, 낯선 곳으로의 이동은 뜻하지 않게 만나게 되는 사람, 사건, 자연환경, 동물, 사물 들이 인과관계를 일으켜 우리에게 색다른 울림을 준다. 정보가 교환되고 새로운 인연이 만들어지고 여러 가지가 공유된다(제주에는 안남(베트남)으로 표류한 제주 총각 김복수와 역시나 오키나와에서 표류해 온 처녀가 결혼을 하고, 헤어진 다음에 상대를 그리워하는 오돌또기 노래가 있다). 이거, 이동과 정보 공유가 키워드인 유목민의 삶과 흡사하다. 인터넷의 특징처럼 말이다.

"그래도 해 보고 싶어. 그렇게 오래는 말고, 한 이틀만."
이야기를 듣고 난 딸아이가 대꾸했다. 아무렴, 그렇다면 해 봐야지. 남을 해치지만 않는다면 해 보고 싶은 것은 다 해 보라고 떠들어 왔으니까. 이틀 정도면 적당한 낭만도 깃들어 있을 테니까.

돌고래 떼가 춤추고 혹등고래가 눈을 맞추며 지나가기라도 하면 완벽하다. 그리고 쏟아지는 밤하늘의 별. 이거 상상 아니다. 대양 항해 프로젝트 진행하는 동안 인도양에서, 지중해에서, 그리고 대서양에서 나는 자주 보았다. 맑은 그믐밤 윙브릿지에 누워 별을 보고 있자면 몸을 일으키지 못하는 지경까지 가게 된다. 고개 살짝 들기만 해도 토성이나 목성이 머리에 부딪힐 것만 같으니까. 당시 프로젝트에 참여했던 동료 작가들은 지금도 그 이야기를 한다.

그런데 표류는 유럽 횡단 배낭여행과는 다르다. 어떤 아비가 딸애를 뗏목에 태우고 바다로 밀어낼 수 있겠는가. 망망대해 멀리 떠내려가는 모습을 쳐다보고만 있겠는가.

여기서 딸아이의 제안.

"아빠가 배를 몰고 따라와 줘."

아, 그 방법이 있었군. 우리는 마주 보며 웃었다. 200미터 정도 떨어진 상태로 따라가다가 붉은 깃발을 달면 가서 구조하면 된다는 스토리군 그래. 까짓거 못 할 것은 없다,

그러고 나서 섬으로 돌아왔는데 아직 실행하지는 못하고 있다. 여러 가지를 준비해야 하기 때문이다. 먼저 날씨가 좋아야 한다. 적당한 온도에 적당한 바람. 그런데 요즘 거문도 주변 날씨가 영 좋지 않다. 그뿐만이 아니다. 뗏목도 만들어야 하고 돛도 이왕이면 예쁜 것으로 준비해야 한다.

그 뗏목에는 깨끗한 침대와 화장실과 식사하고 커피 마실 수 있는 아기자기한 탁자와 쿠션감 좋은 소파와 고양이 집과(길냥이를 데려와 키우고 있으니까) 사료 통이 있어야 하겠지. 이불 넣을 작은 장롱은 물론 미니급 편의점도 있어야 하겠다. 이 많은 것을 몇 뼘짜리 뗏목에 다 넣어야 하니 아직도 머릿속으로 설계 중이다.

고민하다가 잠시 창밖을 바라보고 왔다. 푸른 파도가 여전히 수평선까지 넘실거리고 있다. 지구 바다 어딘가에는, 내 딸과는

다른 방식으로 이제 막 표류를 시작한 사람이 있을 것이다. 그의 이야기는 한참의 시간이 흐른 다음(운이 좋으면) 우리의 귀에 들려올 것이지만 영영 사라져 버릴 수도 있을 것이다. 자신의 이야기를 자신만 안 채.

## 아이, 많이 따라왔다이

거문슈퍼 어머니가 하셨던 말이다.

80대 중반인 거문슈퍼 어머니가 가게 앞에서 70대 후배를 만났다. 오랜만에 만난 사이다 보니 양쪽 집안 대소사 이야기를 한동안 나누게 된다. "큰손지는(손자는) 뭐 하고 지내는가?" "영감님 세상 베릴 때 못 가 봐서 미안하요." 이러면서.

그런데 선배가 보기에 후배가 상당히 늙어 보인 것이다. 하지만 노인네 사이에서도 늙었다는 표현은, 당사자가 스스로에게 하는 것 말고는 금기이다. 선배가 묻는다.

"근디 너 올해 몇 살이냐?"

"아이고 언니, 올해 이른여덟이요."

"허이구야."

그리고 말을 이었다.

"아이, 너 많이 따라왔다이."

나이 차이가 일곱 살이라면 처음부터 그랬으니 늘 그런 것이다. 하지만 선배의 눈에 비치는 늙은 후배의 모습이 정말로 자신을 바짝 따라온 것처럼 느낀 것. 그러니 "너도 많이 늙었구나!" 소리이다.

뭐랄까, 나 늙은 것이야 맨날 확인하는 것이니 그러려니 하지만 오랜만에 만난 후배가, 그 팔팔하고 젊었던 아이가 마치 내 모습을 보는 것처럼 변해서 안쓰럽다고 할까.

그 소리를 들은 이래로 나도 하루가 다르게 삭아 가는 후배들을 볼 때마다 이 말을 한마디씩 한다. 아이, 너 많이 따라왔다 이….

# 새각시 생겼든디

이번에는 이분의 아들에 대한 소문 이야기다.

섬마을처럼 좁은 곳일수록 소문의 위력은 대단하다. 한마디 말이나 사소한 동작들도 금방 외피가 부풀려지기 십상이다. 어디서 비명 한번 지르면 조금 있다가 누가 아이 낳았다는구만, 하는 식이다. 워낙 촘촘하게 붙어사는 데다 일상의 차이가 없다 보니 그렇기도 하지만 소문이라는 게 스스로 변화하는, 살아 있는 생물체의 속성을 지니고 있어서 더욱 그렇다.

얼핏 보면 나쁘기만 한 것 같지만 좋은 점도 없지는 않다. 소문의 폐해를 여러 번 겪다 보니 뒷말을 경계해서 행동거지를 조심스럽게 만들기도 한다. 오래전 나에 대하여 만들어진 소문은 '글씨 쓰는 사람'이었다. 고시 공부한다는 소문도 있었다.

자주 생기다 보니 거문슈퍼 형에게 새로운 여자가 생겼으며 아예 대놓고 집안에 들여놓았다는 소문도 만들어졌다. 이 정도면 충분한 가십거리가 된다. 남녀문제인 데다 숫제 살림하고 있다니 어째 안 그러겠는가. 앞서 밝혔듯이 거문슈퍼는 내가 자주 가는 곳이다.

형의 가족은 경기도에 있다. 삼십 년 동안 이곳에서 슈퍼 운영하면서 아이들 학비와 생활비를 보내 주고 있으며 어쩌다 한 번씩 다녀오는 정도였다. 평균 한 달 반이나 두 달 만에 가족을 만나 온 셈이다.

그러니까 슈퍼를 찾아온 어떤 이가 계산대에 앉아 있는 낯선 여자를 보는 데서 소문이 생겨났다. 소문은 속도가 빠르다. 이 사람 입에서 저 사람 귀로 쌩쌩 날아다니더니 어머니 귀에까지 들어갔다. 그런 역할 해 주는 사람은 늘 있는 법이니까. 어머니는 아들에게 여자가 생겼다는 말을 듣고 가슴이 덜컥 내려앉았다. 그래서 떨리는 목소리로 물으셨다.

"애비야, 이런 소문이 돌던데 어찌 된 일이냐, 정말 여자가 생긴 거냐?"

형은 억울했다. 전혀 그런 일이 없었으니까. 소문은 사람을 괴롭히기 때문에 원인을 찾아보게 된다. 약간의 시간이 흐른 다음 결론이 나왔다. 오랜만에 섬으로 내려왔던 아내 탓이었다. 눈에 설은 여자가 태연하게 가게를 보고 있었으니 내막 모르는 사람들은 새 여자를 얻어 들인 거라고 여긴 것이다.

자기 아내와 연애한다는 소문이 나는 경우는 아마도 이 양반이 처음일 것이다. 그래서 그런지 그는 부쩍 아내 사랑하는 마음이 커졌다. 일주일 정도 있다가 그녀가 집으로 돌아갈 때 살짝 눈시울을 붉히기도 했다.

# 워메, 찌클어 부렀네

'망쳐 버렸다'는 뜻인데 '찌클다'의 원뜻은 '뿌리다'이다. 엎지르다라는 뜻도 있으며 실수로 하거나 일부러 하거나 두루 쓰인다. 그러니까 물그릇 들고 가던 꼬마가 실수로 엎지르면 "얘가 물 찌클었어." 하고 밭에 고구마 순 심었을 때도 "인자 물 좀 찌클어 줘라." 하는데 보통은 부정적인 경우에 비유로 더 쓰인다.

야구 시합에서 결정적인 찬스 때 병살타를 치면 이렇게 한탄한다.

"아따, 저 새끼가 또 찌클어 불구만이."

배 몰고 나가서 한참 잘 낚아내고 있는데 산불 발생 신호가 들어온다(같이 간 후배가 의용소방대원이다). 이때도 "워메 찌클어 부네."하는데 낚시 조졌네, 뜻이다. 이제 산불 난 곳으로 달려가 소방수를 확, 찌클어 버릴 일만 남았다.

마을 슈퍼에 빵 하나 사러 갔을 때이다(낚시 가서 먹을 용). 슈크림빵을 들었다가 놓고 그 옆 소보로빵을 집자 주인이 인상을 구기며 이렇게 말했다.

"그놈은 우에다가만 찌클어 논 것이라 별로여."

소를 빵 표면에 뿌려 놓기만 해서 실망스럽다는 뜻으로 이런 상황에도 쓰인다.

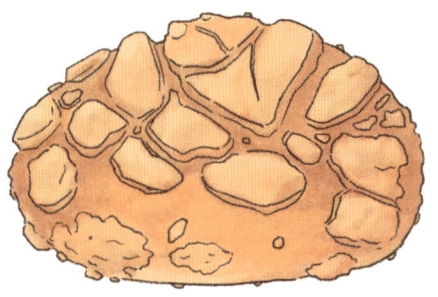

## 눈은 원래 게을러

200평 밭이 눈앞에 있다고 치자. 지심을 매야 한다. 키우는 작물이 아닌, 여타 잡초를 캐내는 것 말이다. 그 밭을 바라보면 이런 말이 저절로 나온다.

"오메, 이것을 언제 다 맨다냐."

그러면 노련한 주민은 이렇게 반응한다.

"눈은 원래 게으른 거여. 손만 부지런하면 돼."

또는 200마리의 우럭이 산더미처럼 쌓여 있다고 치자.

"어휴, 이걸 언제 다 따."

이 경우에도 같은 반응 나온다. 강도 높은 노동이 앞에서 기다리면 지레 한숨부터 나오니까. 그런 사람을 독려한다고나 할까. 겁먹지 말고 손을 부지런히 놀리면 된다는 뜻이다. 눈이 게으르다는 말끝에는 꼭 '끝이 보인다'는 말이 나오게 된다.

이번에는 광주리 가득 담긴 학꽁치가 사람 손을 기다리고 있다. 학꽁치는 겨울에 나는 물고기로 통조림과 과메기 만드는 일반 꽁치와는 다른, 흰살생선이다. 학처럼 주둥이가 길게 뛰어나

ⓒ김무환

비 오는 날 수협 어판장에서 일하다가 잠시 쉬고 있다.

와 있어 이런 이름이 붙었다.

물론 나도 낚아서 먹는다. 회도 좋고 넓게 벌려 전을 만들어 먹어도 좋다. 신김치 넣고 끓인 김칫국은 완전 좋다. 물론 혼자서 커다란 광주리 가득 잡기는 힘들다. 이거 전문적으로 잡는 배들이 있다. 그러니까 배에서 사면 '광주리 가득'이 되는 것이다.

겨울에 잡히는 애들이라 추우니까 실내서, 심지어는 방에서 손질하기도 한다. 워낙 시간이 오래 걸리니까. 세 명이 덤벼들어도 네댓 시간 걸린다. 허리 아파 죽는다. 그러니 처음에는 엄두

가 안 난다. 이걸 언제 다 손질하지? 아마득하다. 하지만 말했듯이 눈은 선천적으로 게으르다. 손만 부지런하면 된다.

칼로 대가리를 자르고 배나 등 쪽으로(어떤 요리를 해 먹느냐에 따라 갈린다) 칼끝을 집어넣어 길게 벌리고 내장을 긁어내고 중추뼈를 발라낸다. 이러면 한 마리 손질이 끝난다(세척이 남긴 했지만). 이렇게 1인당 200~300마리 정도 처리한다.

침묵의 시간이 흐르고 옆집 이야기가 나오고 이번에 그만둔 이장이 이랬네, 저랬네도 나오고 또다시 정적이 흐른다. 어깨가 굳고 허리가 아프다 못해 무너져 내리는 정도 되면 산더미 같던 학꽁치 무더기가 거의 바닥이다. 그럴 때 한마디 나온다.

"끝이 보인다이."

거의 끝나 가니까 마지막 힘을 짜내자는 뜻이다. 고지가 바로 저긴데 여기서 멈출 수는 없다, 뭐 그런 소리. 뱃일할 때도, 밭을 맬 때도, 벽돌 나를 때도 이 말 나온다. 그리고 손을 움직이는 이상 그 일은 끝이 난다. 모두 끝내고 학꽁치회에 소주 마신다. 그때는 이렇게 말한다.

"고생은 손이 하고 재미는 입이 본다니까."

신체의 각 부분을 나눠서 각각에 인성을 부여하는 물활론의 변형은 그 외도 여러 군데 나타난다. 아무튼 사람들이 자기 인생을 돌아볼 때도 이 말을 하면 좋겠다. 나이가 들고 인생의 마지막 시간대를 살고 있다고 판단되면 한번 해 보자,

자, 끝이 보인다.

# 도시고 댕긴다, 허부고 댕긴다

이거 모두 비아냥거림이다.

도시고 댕긴다, 는 가만히 있지 못하고 빨빨거리며 돌아다닌다는 뜻이고 허부고 댕긴다는 것은 비슷하기는 한데 과도하게 어떤 행위를 한다는 뜻이 조금 더 강하다.

어떤 사람이 갯가 돌아다니며 갯것을 열심히 한다. 또는 뒷산에서 버섯이나 겨우살이, 야생 갓 같은 것을 따거나 캐 온다. 이러면 보통 주민의 일상이다. 갯가와 뒷산에서 대대로 먹을 거와 약리 작용 있는 식물을 캐 왔으니까. 하지만 그 행위가 과도할 때 뒤따르는 비아냥이 이것이다. 욕심이 과한 것을 타박하는 표현이니까.

이상하게도 낚시에 대해서는 이런 표현 안 쓴다. 배가 생기기 전까지 나는 거의 매일 목너머(지명) 또는 문에이(거문도 등대가 있는 섬) 방파제로 찌낚시를 다녔다. 오전은 원고 작업이나 독서, 오후엔 낚시나 뒷산, 마실, 이렇게 정해 놓았는데 바다 가는 게 그중 이득이기에 숱하게 낚시를 다녔다.

하지만 나를 보고 도시고 댕긴다, 허부고 댕긴다, 소리는 나오지 않았다. '낚시를 솔찬히(상당히) 좋아하구만.' 소리만 나왔다.

정리해 보면 이렇다.

갯가의 패류와 해초, 뒷산 버섯은 눈에 보이는 데다 어디 안 가는 애들이다. 누군가 과도하게 채취해 버리면 내 것이 될 수도 있었던 것이 사라져 버리는 것이다.

바다낚시는 다르다. 물고기는 제 마음대로 움직인다. 누가 낚아냈다고 해도 내 것이 줄어든다는 생각은 잘 안 든다. 대신 정보가 된다. '한 작가가 어제 목너머에서 농어를 솔찬히 낚었든디?' '그래? 거기로 많이 들어온 모양이구만, 우리도 가 보세.' 이렇게.

갯것과 채취는 낚시와 이렇게 다르다. 예전에 이모가 고향에 오면 나도 같이 뒷산 나물 캐러 가거나 갯바위 소라를 잡으러 다녔다. 해녀 출신이라 솜씨도 좋았다. 집으로 돌아와 마당에서 잡은 것 손질하는 동안 마을 아낙이 지나가다가 '허부고 댕긴다'고 하면 이모는 탄식처럼 이렇게 혼잣말을 말했다.

"아이고, 그만하라는 소리다."

고향을 떠난 존재라서 그렇다.

# 길 3 – 녹산 가는 길

녹산. 이 목책은 없어졌고 대신 데크가 깔려 있다.

사슴 허리를 닮았다 하여 녹산鹿山이며 거문도 북단 장촌마을에 있다. 장촌은 원래 거문도의 가장 큰 마을이었다. 중심지였다는 소리. 그러니 학교도 가장 먼저 생겼다.

서도 최남단 목너머에서 장촌까지는 바닷가로 찻길이 이어져 있다. 중간에 자그마한 변촌마을이 있다. 이 길이야 그냥 훤히 보인다. 차와 오토바이가 오가는 곳이니까.

예전에 시멘트 길이 아니었을 때 나는 함지박에 수박 다섯 통을 머리에 인 할머니 따라 다녀오기도 했다. 중학교 때였다. 할머니가 간다기에 그냥 따라나선 거였는데, 따라가기를 잘했다. 변촌부터 힘들어하서서 내가 수박을 한 통 들었던 것이다.

    요즘은 사람들이 다니지 않지만 산으로도 길이 있(었)다. 유림해수욕장에서 뒷산으로 오르면 절벽에 도착한다. 왼쪽으로는 기와집 몰랑과 보로봉 가는 길이다. 여긴 목너머 가는 길 이야기하면서 할 예정이다. 일단 오른편으로 가 보자. 먼저 계단을 만난다. 불탄봉 가는 길이다.

    여기서부터 장촌까지가 산맥 같은 서도 뒷산들을 관통하는 산길이다. 이곳 아래 절벽이 '개빠진 통'이다. 자, 가 보자. 걷자. 일단 불탄봉을 만난다. 불이 났다고 해서 생긴 봉우리 이름. 죽은 나무들이 아직도 비바람을 견디며 서 있다. 죽어서도 이렇게 분명하고 꿋꿋하기로는 나무 따라갈 존재가 없다.

    나는 간혹, 쓸데없이 서서 이 나무들의 일생을 생각하곤 한다. 무슨 이유로 이 먼 섬까지 와서 이렇게 뿌리를 내렸는가(나도 그러고 있으면서), 동시에, 너희들은 왜 죽을 때까지, 중력을 거스르며 우주의 어느 지점을 향해 올라가려고 애쓰는가, 물어보곤 한다. 나무도 뭔가 대답을 했겠지만 나에게 있어 문제점은 식물들의 말을 알아듣지 못하는 바보라는 것이다.

    더 걸어 보자.

    올랐다 내려갔다 되풀이하다 보면 신추 가는 길(뒤에 나온다)과 만나는, 산새가 유난히 울던 곳, 재넘이다. 이곳은 동네 한량들이 종종 동박새를 잡았던 곳이기도 하다.

신추 가는 왼편 길을 두고 직진한다. 산 중턱에 마을 흔적이 하나 나온다. 반쯤 무너진 돌담들과 길의 흔적들. 오래전 마을이 있었던 짚은개이다. 예닐곱 집 정도의 미니급 마을. 도대체 이 사람들은 마을들과 떨어져서 왜 굳이 이곳에 정착했을까. 거문도 모든 마을은 해안에 있는데 여기만 산 중턱이다. 무엇 때문에 바다와 거리를 두었을까.

계속 나가다 보면 잠깐 해안으로 구부러진 길에서 만나는 게 용내이연못이다. 갯바위 사이에 있는 자그마한 못인데 용이 살았단다. 용이 살지 않던 연못이 어디 따로 있던가. 『서유기』를 보면 마을 우물마다 용왕이 산다고 나오는데.

특이한 것은 이곳 용내이 깊이가 한정이 없다는 것이다. 오래전 어떤 사람이 추 매단 줄을 집어넣어 봤더니 한라산 백록담과 이어져 있었다나, 어쨌다나. 뭐 그러려니 하자. 이왕 구라 치려면 이 정도 해야 한다는 것에 나는 한 표 주는 입장이니까.

계속 산길을 타고 가면 장촌마을 뒤쪽 이애포 바다가 나온다. 병풍처럼 둥근 낮은 언덕과 소나무가 작은 만灣을 둘러싸고 있는 곳이다. 오래전 외삼촌과 밤마다 도미를 낚았던 곳이기도 하다.

한 가지 서운한 게 있다. 이 정도 산을 타면 술이 당긴다. 장촌마을에 막걸리를 직접 담아 파는 친구 어머니가 계셨다. 술맛도 좋고 생선구이나 파전 따위를 안주로 내주셨는데 이제는 장사를 하지 않는다. 대신 장촌타운 호프집이 있다. 기타리스트 후배가 중국인 아내와 운영하는 곳으로 내 단골이다. 그러니 이제는 치킨에 생맥주를 마신다.

이제 녹산엘 가 보자.
이 책을 읽고 있는 당신에게만 살짝 이야기하자면 내가 거문도에서 최고로 치는 장소이다. 외부 사람은 잘 모르는 곳이라는 소리이기도 하다(이제는 많이들 아실라나).

거문도를 찾는 단체 관광객 대부분이 중년 이상 나이 든 분들이다. 이들의 관광 형태를 보면 거문도 자체를 크게 생각하지 않아 보인다. 단체이기에 집행부가 정하면 그저 따라가는 것. 우 몰려가서 왁자지껄 노는 게 몸에 밴 모습이다.

몇 년 전 여수에서 여객선 타고 들어올 때였다. 거의 다 왔을 때 앞자리에 앉아 있던 중년 여성들이 저 멀리에 있는 백도를 발견하고 호들갑 떨며 나에게 물었다.

"아저씨, 저 섬은 무슨 섬이죠?"
"저기가 백돕니다."
"어머, 어머. 독도래, 독도."
"어머, 저기가 독도야?"
"어쩐지 멋있더라."
나에게 물었던 여성은 심지어 딸에게까지 전화를 걸었다.
"나 지금 독도 보고 있다!"
"독도? 엄마, 남해 쪽 간 거 아니었어?"

백도에서. 상륙금지이나 면사무소에서 갯바위 청소하러 갈 때 따라갔었다.

(딸도 엄마 목청을 닮아서 휴대폰 속 목소리가 나에게까지 들렸다.)

"응. 거문도."

"독도는 동해에 있는 거 아니야?"

(여전히 들린다.)

"몰라, 몰라. 여기 사는 아저씨가 독도래, 독도."

"이상한데?"

"얘. 주민이 그렇다면 그런 거야, 끊어."

나는 가만히 있었다.

다시 녹산. 이제는 상당히 바뀌긴 했다. 나무 계단도 깔고 심지어 인어 동상도 세웠다. 사실 나는 이런 것들 생기기 전의 녹산을 잊지 못한다. 사슴의 등처럼 완만한 구릉. 억새와 들꽃, 그리고 주인 없는 무덤들이 있던 곳.

여기는 거문도 안에서도 독립적인 곳이다. 그저 풀밭이라 염소 치는 사람이 간혹 다니는 소로만 있었다. 녹산 등대도 거문도 등대와 달리 무인 등대이다. 저 옛날 서도초등학교 학생들이 해마다 빠지지 않고 소풍 오던 곳. 그때 맞은편 동도 끝으로 나도 소풍을 가곤 했다. 동도 학생들과 서도 학생들은 봄가을 착실하게 서로 바다를 사이에 두고 마주 보곤 했던 것이다.

내가 이곳을 최고로 치는 이유는 고즈넉함이다. 단순한 조용함이 아니다. 여긴 거문리의 떠들썩함도 없고 지나가는 사람에 대한 호기심도 없다. 가게도. 절도, 교회도 없다. 대신 땅이 있고 풀이 있고 꽃이 있다. 무엇보다도 그것들이 만들어 내는 호젓함이 살아서 숨 쉰다. 그게 사람을 편안하게 한다.

동료 작가들을 이곳으로 데리고 온 적이 몇 번 있다. 그들은 일단 감탄하고, 재잘거리다가 조용해지고, 그리고 하나둘씩 억새밭 사이에서 잠이 들어 버렸다. 잠이 온다는 것은 땅 기운이 좋고 편안하다는 것으로 나는 본다.

살다 보면 바람은 없고 가랑비가 하늘하늘 내리기만 하는 날이 있기 마련이다. 그러면 나는 소주 한 병 꿰차고 이곳을 찾아오곤 했다. 안 그래도 조용한 곳에 비가 내리고 있으니 더욱 그러했다. 나는 녹산이 통째로 보이는 언덕, 낯선 무덤가에 앉아 소주를 마셨다. 이곳의 억새처럼 그저 하나의 존재로만.

고즈넉이라는 단어를 책에서 꺼내어 실제 현상으로 만든다면 이곳 풍광이지 않을까. 조용함이 밀도를 가지기 시작하다가 3차원 공간으로 형상화되는 것 말이다.

이야기한 대로 지금은 데크를 깔고 인어상도 만들어 놓았다. 이 인어상 있는 곳 아래가 신지끼여이다. 신지끼는 거문도 인어를, 여는 암초를 말한다. 이 암초에 인어가 앉아 있는 것을 오래전 동네 할아버지들이 보셨단다.

인어상이 아름답기는 하다. 하지만 쌍꺼풀 뚜렷하고 이목구비가 이탈리아나 그리스 여인 같기만 하다. 굳이 만든다면 쌍꺼풀 없는 순 한국산 인어상을 만들어 놨으면 좋았을 것이라는 게 볼 때마다 드는 생각이다.

그 이후로 인어는 나타나지 않는다. 언젠가 할머니에게 인어를 본 적이 있느냐고 물었다. 수천 번 바닷속으로 들어갔던 사람이니까. 그러나 본 적은 없다고 답했다. 해녀 초년 시절, 얕은 바닷속 모래톱에 기다란 흔적이 있었다. 나이 든 해녀 하나가 손으로 그것을 가리켰고 둘은 물에서 나왔다. 그 해녀가 말했단다.

"아까 그것이 신지끼가 지나간 자국이여. 지금은 동굴 속에 들어가 있는 모양이구만. 하여튼 그 자국이라도 보면 얼른 물에서 나와."

그러니까 흔적으로 추정되는 자국만 보신 것이다. 수없이 자맥질을 하고, 한 시절 스킨스쿠버를 했던 나도 본 적이 없다.

이곳엔 예닐곱 기의 무연고 무덤이 있었다. 그들은 외지에서

지금은 없어진 녹산의 주인 없는 무덤.

와서 무슨 이유에선지 여기에서 죽었는데, 또한 무슨 이유에선지 가족과 연락도 안 되는 신원 불명인데, 그래서 장촌마을 사람들이 무덤 만들어 주고 돌로 테두리를 둘러 주기까지 했다. 인생 마지막 데커레이션처럼 돌멩이로 그 사람만의 공간을 만들어 준 것이다. 그 마음. 천지간에 모르는 사람을, 시신을, 이렇게 갈무리해 주는 마음이 그대로 돌무덤이 된 것.

도대체 누구인데 이 먼 섬까지 왔을까. 왜 바다를 건넜을까, 바다가 좋다면 여수 오동도 정도면 될 터인데. 굳이 세상 끝 같은 섬마을까지 왔을까… 누구나 의도치 않게 멀리 이동하게 될 수 있다는 것을 보여 주는 각각 사연들이 있었을 것이고 주민들은 그 사연을 씨앗처럼 이곳에 심어 주었던 것이다.

그런데 정비 사업을 하면서 무덤도 치워 버렸다. 나는 무덤을 그대로 두어서 나그네의 죽음을 인간 공동의 것으로 받아들이고 편히 쉴 수 있게 수고와 공간을 제공해 준 장촌마을 주민들의 마음을 찾아오는 사람들에게 보여 주었으면 했다. 하지만 이렇게 되어 버렸다. 무덤도, 그 지극한 마음도, 치워 버려야 할 대상이었다는 발상일까?

## 아시탕

선박 용어 중에 'Go Astern'이 있다. '후진하다'이다. 동시에 Astern은 배의 고물, 즉 선미船尾를 뜻하기도 한다.

이 단어가 남쪽 바다에서는 아시탕이다. 일본 냄새가 많이 풍긴다. 그럴 수밖에 없다. 최초 배 엔진은 일본에서 왔으니까. 일본 사람들이 일명 야끼다마 엔진(소구 기관) 장착한 통통배를 타고 올 때 이 용어들도 가지고 왔으니까.

섬사람들은 아시탕을 온갖 군데 다 써먹는다. 길 가다가 되돌아가자고 할 때도 아시탕, 아시탕! 리어카 밀고 가다가 뭔가 떨어져도 잠깐, 아시탕, 아시탕! 한다. 당구를 처음 배운 남자가 있었다. 밀어치기의 반대인 끌어치기를 이해하지 못했다. 당점을 아래에 두고 역회전 주어 대상 공을 맞힌 다음 돌아오게 한다고 설명하자 이렇게 말했다.

"아, 아시탕!"

배에서 후진은 아주 중요하다. 대형 선박을 제외한 모든 배들은 출발하기 위해 후진을 먼저 한다. 선수 선미의 구조가 다르기 때문에 후진을 해야 출발할 수 있는 공간이 확보된다. 전진하던 배를 멈출 때도 후진 기어를 사용한다. 자동차처럼 브레이크가 있는 게 아니라서(육지 사람들이 헷갈려 하는 대목이다) 적당한 후진력을 사용하여 진행하던 배의 운동에너지를 제로로 만든다. 그러니까 항해를 하기 위해서는 후진이 전제 조건이다.

인생이 이렇다.

이를테면 도둑질하게 된 아이가 있다. 이 경우 가장 안 좋은 게 첫 번째 도둑질에 성공하는 것. 당장이야 좋지만 인생 파멸의 문이 열려 버리는 셈이다. 가장 좋은 경우는 들켜서 혼나는 것이다. 그래야 그 경험과 학습으로 정상적인 삶을 살게 될 테니까. 인생, 후진부터 배운 경우이다.

유조선이나 컨테이너선 같은 대형 선박은 스스로 출발과 접안을 못 한다. 견인선들이 줄로 끌어내거나 몸통을 직접 밀어서 붙인다. 여러 척의 작은 배들이 협동으로 덩치 큰 배를 조심스럽게 붙이거나 떼어 내는 이 장면도 볼 만하다. 항해 프로젝트를 진행했을 때 부산항, 대만 기륭, 홍콩, 싱가포르, 말레이시아 포트클랑, 두바이와 로테르담 항에서 이 장면을 보았다.

몇만 톤 급 대형 선박이(누워 있는 63빌딩이라고나 할까), 그 거대한 몸집이 밧줄을 풀고 막 선석에서 떨어지는 모습. 인도양, 대서양 너머 낯선 항구로 가기 위한 첫발자국으로 10센티미터 떨어지는 순간이 가장 뭉클했고 도착하여 마지막 10센티미터가 사라지면서 선석에 몸을 붙이는 순간 또한 그러했다.

## 청춘에 죽은

    J 이모가 저녁 먹으라고 연락을 해 왔다. 가 보니 보통의 저녁 밥상에 비하여 찬이 걸었다. 부쳐 놓은 전도 세 가지나 되었고 제 모습 갖춘 도미와 농어구이, 문어숙회에 떡과 과일도 있었다.

    "청춘에 죽은 시동생 제사여."

    이유는 그거였다. 시집오고 얼마 있지 않아 세상을 뜬, 남편의 남동생. 어떤 병이 급습했고 짧은 시간 집중하여 앓다가 서둘러 세상을 떴단다. 시동생 제사는 드물지 않은 경우지만 '청춘에 죽은'이 앞에 붙어 있으면 느낌이 남다르다.

    "언젠가 가겠지 푸르른 이 청춘…" 이 노래를 나는 간혹 부른다. 청춘 다 가 버렸기에 부를 때마다 좀 민망하다. 그런데 이 어린 청년은 막 청춘에 진입하자마자, 제대로 누려 보지도 못하고 죽었다는 것 아닌가. 그래서 형수의 기억에는 늘 그 나이에 머물러 있는 것이고, 그 덕에 J 이모는 새댁 시절부터 지금까지 제삿밥을 차려 주고 있다.

    삶은 고달프지만 죽음은 더 최악이라는 인식. 본격적인 인생이 막 시작되려고 할 때 찾아온 죽음, 그 애틋함을 오래도록 기리고 있는 늙어 버린 형수. 제사라는 게 귀신이 있다는 전제하에 행하는 형식이니 만약 상 앞에 그가 있다면 그 오랜 세월 형수에게 얻어먹고 있는 심정을 어떻게 말할까.

장편소설 『홍합』에 나오는 캐릭터 중에 혜숙이네가 있다. 비가 내리는 날에는 이삼십 분 일찍 일을 마무리하고 막걸리 받아다가 홍합 공장 바닥에 빙 둘러앉아 마시고는 했다. "비도 오는디 마셔 부러, 씨발 것." "그래, 조지나, 마셔 불자." 떠들면서. 젊은 공장장과 나를 놀리는 아줌마들 농담이 늘 있었고 웃음과 박수가 뒤따랐다. 그러면 가장 고참이던 혜숙이네가 공장장과 내 편이 되어서 후배들 야단치기도 했지만 무엇보다도 그 시간 그녀가 돋보인 이유는 풍성한 성량의 노래 때문이었다.

몇 잔 들어간 다음에 우리는 으레 노래를 청했고 빼지 않고 매번 잘도 불렀다. 막걸리 한 잔이 사람 마음에 어떤 조화를 부리는지 확인되는 순간이기도 했다. 그런데 한번은 역시나 비가 왔고, 역시나 막걸리 사 와서 판이 벌어졌는데 혜숙이네가 딱 한 잔만 마시고 몸을 일으키는 것 아닌가. 같이 버스 타고 다니는 패거리들도 잡지 않았다.

나는 버스 정류장까지 우산을 씌워 주며 왜 벌써 가시냐고 물었다. 그녀는 쓸쓸하게 웃으며 대답했다.

"이, 오늘이 청춘에 죽은 시동생 제사여."

청춘에 죽은 시동생들은 어쩜 그리 많은지.

# 한잔만 갈아줘

갈아주다, 라는 표현이 있다. 이쪽 지방 언어 같지만 이거 표준어다. "상인의 물건에 이익을 붙여 주고 사다"라는 뜻이라고 사전에 나온다. 요즘은 잘 안 쓰지만 어렸을 때 많이 들었던 말이 쌀 갈러 간다, 이다. 쌀 사러 간다는 뜻이다. 그러니, 하나 갈아줘, 는 장사꾼이 아는 사람에게 물건 하나만 사 달라는 뜻이다.

우리 섬에서는 조금 변형시켜서 쓴다. 이를테면 내가 술집에 앉아 있다. 아는 얼굴이 등장한다.

"한잔할랑가?"

묻자 고개를 젓는다. 약 먹는 중이란다. 이리 와 한잔만 해, 이래도 거듭 손을 내젓는다. 그런데

"아따, 그러지 말고 한잔만 갈아주라니까."

이러면 와서 잔을 받는다. 희한하게도 갈아주라고 말하면 열에 아홉은 마음이 약해진다. 나도 그렇다. 별생각이 없어 고개를 젓다가도 상대가 딱 한잔만 갈아주고 가, 하면 가서 잔을 받게 된다.

한잔해, 속에는 고만고만한 인사말 정도만 들어 있는 데 반해 한잔만 갈아줘, 속에는 '우리 잠시 같이 있으면 좋겠어.' 또는 '내가 너 챙긴다는 거 잊지 마.'의 친근함이 들어 있으니까.

내친김에 독자들에게 부탁드린다.

"이 책 한 권만 갈아주세요."

## 저 식당에서 밥을 먹으면 배가 고파

여기는 전라도다. 오랜 세월 동안, 오늘 먹고 말 사람처럼 먹어 대던 곳이다. 전라도는 왜 그런 습성이 생긴 것일까. 물산이 풍부해서 그랬다고는 하지만 나는 반농담조로 이렇게 풀이하곤 했다.

오랜 시간 탄압받던 곳이니까 일단 잘 먹어 놓자… 내일 당장 어디 끌려갈 수도 있고 심지어 죽을 수도 있으니.

여수에 새로 오픈한 식당이 있었는데 머잖아 "저 식당에서 밥을 먹으면 배가 고파." 소문이 났다. 말 그대로 빈약하게 나온다는 것. 이런 말 전라도에서는 나오면 안 되는데 역시나 이 식당, 몇 달 못 버티고 문 닫았다.

다른 식당 이야기 하나.

친구가 나를 데리고 새로 오픈한 식당을 찾아갔다. 그럭저럭 아는 사이라 '갈아주러' 간 것이다. 그런데 나오는 음식이 그저 그랬다. 이 자리 저 자리 오가면서 떠드는 주인의 말만 다양하고 풍성했다. (그래서 그랬겠지만) 끝내 몇몇이 주인에게 시비를 걸었고 심각 직전까지 갔다. 주인은 그 뒤로 제대로 된 음식을 내놨다고 한다.

맛과 관련된 일화는 더 있다.

어떤 사람이 전남 광양과 경남 하동을 잇는, 섬진강의 섬진교 중간에 섰다. 그 다리 가운데(그러니까 섬진강 중간)가 전라도와 경상도의 경계이다. 그 사람은 정중앙에서 광양 쪽으로 한 걸음 걸어가서 물을 마셔 보고 이번에는 하동 쪽으로 두 걸음 걸어가서 또 마신 다음 역시 맛이 다르다고 평했다, 고 한다.

나 개인은 이런 전라도 음식의 특징을 좋아하지 않았다. 너무 많이 나오는 것도 싫거니와 어차피 다 못 먹을 것인데 남기면 버리거나 또는 다른 손님 식탁에 오를 것이라서. 이제는 다들 평준화, 일반화되었는데 이게 또 서운하다(어쩌라고!).

젊은 시절 홍합 공장에서 일할 때 공장 회식이 한 번씩 있었다. 보통의 경우 고깃집이나 횟집을 갈 텐데 우리는 늘 기사 식당으로 갔다. 그곳의 풍부한 반찬으로 충분했기 때문이다. 유난히 생각난다.

## 애정만 나믄

"요즘 애정만 나믄 비가 온다야."
"넌 애정만 나믄 그 소리더라이."
"저 새끼는 봄 되고부터 애정만 나믄 여수 나간다고 지랄이여."

무슨 뜻인지 아시겠는가. 있는 그대로의 뜻은 '툭하면' '여차하면'이다.

요즘은 통 안 쓰지만, 예전에는 애정만 나면 '애정만 나믄' 소리를 많이들 썼다. 근데 이 말의 어원을 당최 모르겠다. 추측할 만한 것도 없다. 어디서 온 말일까. '보다'에서 봄이 오고 '신다'에서 신발이 오고 뭐 이런 식으로 해 보면 동사가 먼저 있으니까… 애정 난다?… 궁리해 봐도 도통 알 수가 없다.

누군가가 먼저 쓰기 시작했을 텐데, 암튼 애정만 나믄, 의 발음이 자연스럽고 입에 감기는 맛도 있어 다들 따라서 쓰기 시작했을 것이다. 말이란 그런 거니까. 저절로 합의되면 공용이 되는 거니까.

이 단어를 자주 썼던 동도초등학교 동창들이 생각난다. 그러고 보니 예전에는 그들이 '애정만 나믄' 생각이 나곤 했었는데.

ⓒ김무환 백도의 가장 바깥 바위섬. 낮달이 처연하게 떠 있다.

바다어 마음사전          2부

## 길 4 – 목너머 가는 길

목너머는 무넹이라고도 한다. 서도 남단과 거문도등대가 있는 수월산이 서로 연결된 바윗덩어리인데 목처럼 가느다래서 그렇다고 하고, 풍랑이 높으면 물이 넘어온다고 해서 붙여진 이름이기도 하다.

이 책을 읽고 계신 귀하께서 거문도로 온다면 가장 먼저 이 길을 걸어가게 될 확률 80퍼센트이다. 누구라도 일단 거문도등대를 가게 되는데 높낮이는 있지만 도중에 유림해수욕장이 있는 근사한 길이니까. 먼저 삼호교라는 다리를 넘어가면 왼편으로 부드럽게 휘어진 길을 발견하게 된다.

그 길옆에는 작은 절벽이 있는데 어째 자연스럽지 못할 것이다. 당연하다. 나 어렸을 때 이곳 돌산을 깨서 방파제 재료로 썼으니까. 돌산을 깰 때 사이렌이 울렸다. 정오를 알리는 오포와는 달랐다.

사이렌이 나왔으니 여기서 잠깐.

사이렌은 원래 그리스 신화에 나오는 마녀의 이름으로 반은 새이고 반은 사람인(인어라는 설도 있다), 괴물로 보자니 사람 같고 사람으로 보자니 결코 아닌 족속이다. 사이렌은 아름다운 노랫소리로 뱃사람들을 유혹하여 배를 난파시켰다. 호메로스의 『오디세이아』에도 나온다. 배를 타고 집으로 돌아가는 오디세우스가 사이렌이 활동하는 지역에 다다랐을 때 밀랍으로 선원들의 귀를 틀어막고 저는 들보에 스스로 묶어 놓고 음악 감상을 즐겼다고 한다(별나야 영웅이 된다).

내 기억의 사이렌은 높은 파장의 소리를 일정하게 내는 경보 장치이다. 1819년 프랑스의 C. C. 투르라는 발명가가 만들고 사이렌이라고 이름을 붙였다. 신화의 마녀가 소리로 사람들을 위험에 빠지게 한 것에 반발하여 위험을 알려 주는 뜻으로 쓰겠다고 그렇게 정했단다.

암튼 그 사이렌이 울면 그쪽 바닷가 바위를 깨기 위해 다이너마이트를 폭파할 예정이니 다들 피하라는 신호였다. 또래 아이들은 그 소리를 듣는 순간 거기로 달려갔다. 되레 아이들 모으는 신호가 된 것. 우리는 그것을 '남포 튄다'라고 했다. 그곳 직원들은 몰려오는 우리를 보며 호루라기를 불고, 그것으로도 말을 안 듣자 '저 새끼들 또 왔네, 얼른 가, 씨발놈들아!' 소리를 지르게 되어 있다. 바닷속의 돌을 깰 때나 커다란 돌이 바다에 빠지면 그 충격으로 근처 물고기들이 뜨는데 우르르 달려간 것은 그것을 잡기 위해서였다. 그러니 그 말 듣고 되돌아가겠는가.

다이너마이트는 그러니까 첫째 리사무소 방송과 사이렌, 둘째 호루라기, 셋째 씨발놈 운운의 욕. 그 단계를 다 거친 다음에 터졌다. 거대한 돌덩어리가 깨지거나 빠지면서 바다에서는 엄청난 파장이 생긴다. 물고기가 뜬다. 아이들이 다이빙으로 달려든다….

뭐 그랬던 곳이다. 세월이 흘러 깎인 절벽에 풀도 나고 나무도 자랐지만 역시나 인위적으로 만들어진 것이라 절벽 같지가 않다.

조금 더 걸어가 보면 해수욕장이 나온다. 유림해수욕장. 주민들이 부를 때는 '유리미'이다. 일제 강점기 때 일본인들이 '유리우미'라고 불렀던 데서 유래했을 거라는 가설이 있다. 그전에는 소심포였다. 수심이 얕은 포구라는 뜻.

1885년 3월부터 이 년간 영국의 동양 함대가 이곳을 점령한 사건이 거문도 사건이다. 그들은 고도에 진지를 구축했다. 해수욕장에서는 약간 각도 있는, 정면 쪽이다. 영국 군인들이 진지를 만들자 약삭빠른 일본 상인들이 이곳에 유곽을 세웠다(역시 재빠르기도 하지). 내가 살고 있는 집 근방이다. 당시 영국 수병들이 그린 스케치에 그게 남아 있다.

그런 역사와 아무 상관 없이 이곳에 새겨진 내 추억은 아주 많다. 외가가 해수욕장이 속해 있는 덕촌마을에 있었기 때문이다. 그리고 지금 내가 살고 있는 곳이다. 나는 오늘도, 오십 년 전에 걸었던 그 길을 무심하게 걷는다.

지금은 아스팔트지만 예전에는 흙길이었다. 여름날 해수욕장을 다니느라 맨발로 어지간히도 걸어 다녔다. 물놀이하다 보면 신발 잃어버리기 쉬우니 아예 외가에서부터 맨발로 왔던 것. 그래서 이곳을 생각하면 맨 먼저 떠오르는 것이 맨발바닥의 느낌이다. 내 발에는 그때 밟았던 온갖 종류의 튀어나온 돌부리와 부드러운 모래, 심지어 깨진 병 조각까지 느낌이 고스란히 남아 있다.

  참으로 잊히지 않는, 이곳에서의 장면도 있다. 할머니와 친구들이 이곳에서 놀고 있는 모습을 본 것이다. 이렇게.

  어느 날은 빗줄기가 떨어졌다. 움푹 파인 갯바위가 우리의 피난처가 되었다. 쪼그려 앉은 동무 머리카락 끝에서 떨어지는 빗방울은 유난히 아롱거렸다. 해안선과 수평선이 물빛으로 뒤엉키는 것을 바라보다 보면 물안개가 피어올랐다. 돌아오는 길에 기차표 고무신은 자꾸 미끈거렸다.

  비는 오락가락했다. 뒷산 동백나무 이파리는 빗물에 씻겨 손뼉 치듯 반짝이고 있고 해수욕장 모래밭에서는 초로의 여인네 열댓 명이 장구를 두드리며 원을 그리고 있었다. 나와 동무가 갯돌을 들추고 있을 때 한복 곱게 차려입고 대나무 소쿠리에다가 바리바리 싸서 등대 올라가던 이들이었다. 나와 동무의 할머니도 끼어 있었다. 곗날이었던 것이다.

  등대 잔디밭에서 밥을 먹었을 것이다. 등대장에게 부탁하여 사진도 찍었을 것이다. 흰 건물 배경으로 단체로 십오도 각도 틀어 한 장. 수

선화 줄기 꺾어 들고 각자 한 장씩. 막걸리도 한잔. 그러다 비를 만났고 비 그치자 우리처럼 돌아오는 중이었을 것이다. 사람 하나 없는 백사장을 공연히 밟아 보고 싶었을 것이다. 비가 야속해서 그냥 돌아가지는 못했을 것이다.

> 우리 님 반듯이 빗었던 머리, 동남풍 분 바람에 산발이 되었네
> 님 떠난 방에는 사진만 남고 배 떠난 부두에는 연기만 남았네
> 덩기닥 궁 다다다 덩기닥 궁딱
> 저 달아 보았느냐 본 대로 일러라 사생결단하려고 님 찾아간다

노래와 함께 춤도 이어졌다. 손수건은 손수건대로, 수선화는 수선화대로 어깨와 가슴으로 작은 원을 그렸다. 막걸릿병은 줄어들고 저고리 목단 치마는 바닷물에 젖어 가고 빗물이 눈물처럼 목덜미까지 타고 내려왔다.

물질과 밭일에서 벗어난 그녀들만의 카니발. 이날만큼은 모든 것을 잊어버려도 되는 해방의 날이었다. 이별을 숙명으로 안고 사는 여인네의 노래는 물안개에 실려 멀리 흘러갔다. 코고무신 발자국이 모래밭에서 마을로 이어지자 샛바람(동풍)이 불기 시작했고 숲에서는 쩻밤(구실잣밤나무 열매)이 후두둑 떨어졌다…

—『한창훈의 나는 왜 쓰는가』(교유서가, 2015) 중에서

**이제는 이런 모습 볼 수가 없다. 다들 돌아가셨으니까. 그때**

는 장구 들고 놀았지만 지금 그 연배 여인네들은 노래방 마이크 들고 논다. 이곳엘 오는 이유도 아침저녁 운동이다. 길은 그대로 인데 그 위를 지나가는 사람들의 행색이나 풍경이 바뀐 것이다.

이곳에서 물놀이하던 나도 이제 반백이 되었다. 그동안 얼마나 많은 파도가 이곳으로 밀려왔을까. 나는 얼마나 많은 운동화를 갈아 신어야 했던가. 저만큼의 안놀섬과 반놀섬은 여전히 같은 모습인데.

해수욕장을 지나면 약간 오르막이다. 오르막을 다 오르면 벤치가 나온다. 작은삼부도, 큰삼부도는 물론 저 멀리 백도까지 잘 보이는 곳이다. 거기를 지나면 다시 내리막. 내리막 끝나는 곳에 갑자기 풍경 하나가 눈에 들어온다. 바람과 파도에 시달리며 섬과 섬을 이어주는 길목. 모가지 모양의 바위 더미.

목너머이다. 바위 곳곳에 웨더링 피트(풍화호)와 타포니(풍화혈)가 잔뜩이다. 그리고 이곳은 배가 생기기 전까지 날마다 찾아갔던 내 낚시터이기도 하다. 이곳에서 수월산 전봇대가 보이는 길을 따라 다시 올라가면 거문도등대가 나온다.

이곳으로 가는 길이 또 하나 있다.

산을 좋아하는 사람이라면 이 길을 추천한다. 해수욕장에 국립공원 관리 사무소가 있다. 그 옆에 어떤 종교 단체에서 콘크리트 비벼서 엄청나게 큰 호텔을 지어 놨으니 혼동하지 마시고. 사무소 옆쪽으로 보로봉 올라가는 길이 있다.

구불구불 산길이 시작된다. 소나무와 동백나무 군락 사이사이 느티나무 이팝나무 예덕나무 후박나무 벚나무 들이 보인다. 특정 지역에 가면 구실잣밤나무 숲이 있다(이 애들은 이파리 색이 달라 멀리서 봐도 구분하기 쉽다). 가을에는 그곳으로 찾아가 구실잣밤을 줍기도 한다. 단맛이 감칠스럽게 난다.

산을 잘 못 타는 사람도 쉽게 올라간다. 높지 않기 때문. 갑자기 풀밭이 나타나면서 거대한 수평선이 눈에 쑥 들어온다. 왼쪽으로 가면 기와집 몰랑이다. 기와집 지붕의 완만하게 꺼진 곡선 모습이라 붙은 이름.

여기까지 올라온(고작 해발 140미터 정도) 사람은 일단, 환호성을 지르게 된다. 땀도 어느 정도 난 데다가 산에 올라갔는데 드넓은 바다가 딱 나타나니까. 이번 행보는 목너머 가는 것이니 기와집 몰랑 쪽으로 방향을 잡자. 돌계단이 나 있을 것이다. 왼쪽은 세 개의 섬으로 둘러싸인, 잔잔한 거문도 내항. 오른쪽은 망망대해이다. 간혹 어선과 낚싯배도 지나갈 것이다. 날이 좋으면 남쪽으로 제주도가 보인다. 살짝 떨어져 있는 우도까지.

기와집 몰랑에는 돌탑들이 있다. 그 옆으로 길 따라서 계속 가면 된다. 신선바위 지나 보로봉이 나오고 계단을 타고 내려가다 보면 목너머이다. 바닷가로 가든, 산으로 가든 목너머에 도착하고 말한 대로 거기서 더 가면 거문도등대이다.

# 말 못하는 술 담배도 내 속을 아는디

거문도 노래가 나와서 조금 더 이어진다.

남쪽 바다에는 대대로 산다이라는 게 있었다. 앞 이야기에서 할머니와 친구들이 백사장에서 노래 부르고 노는 것도 산다이의 일종으로 여흥, 작은 규모의 축제 정도로 풀이된다. 어찌어찌하다 보니 즉흥적으로, 또는 계획을 잡아도 이삼 일 뒤에 이뤄지는 즉석 파티 같다고 할까.

술이 술을 부르고 사람이 사람을 부르고 누군가 노래 한 소절 하고 권하기도 하다가 다들 흥취가 높아지며 자연스럽게 판이 만들어지는데 그러면 빙 둘러앉아 노래 돌림이 시작된다. 이럴 때 '산다이 들어간다'라고 표현한다.

속이 상하면 하고 싶은 말이 있기 마련인데 그냥 하면 싸움 난다. 감정과 메시지의 전달을 우회로 따라 보내는 게 노래다. 거기에 사람들 호응이 일어난다. 네 마음이 내 마음 같으니까.

기본은 육자배기 가락.

한 사람이 '서산에 지는 해는 지고 싶어 지느냐, 날 두고 가신

임은 가고 싶어 가느냐'같이 원래 있던 가사를 부르면 다들 '아리 아리랑 스리 스리랑…' 후렴을 부르는 방식으로 이어진다. 그러다가 즉흥적으로, 자신의 처지가 스스로 가여워 마음속에서 만들어진 가사가 느닷없이 튀어나오기도 하고 그 표현이 좋으면 다음에 다른 사람이 따라 불러 지금까지 내려왔다. 재미없거나 과하거나 덜한 가사는 중도 탈락했을 것이고, 역사란 늘 선택과 도태로 이어지니까. 이렇게 거문도 산다이 노랫말들이 만들어졌고 지금까지 내려오는 것들이 제법 된다.

어렸을 때 어른들 노랫말이 내 귀에 잘 들어왔다. 내가 소설가가 된 것과 연관이 있겠지 싶기도 하다. 어떤 것은 무슨 뜻인지 모르겠고 어떤 것은 몹시 야하기도 했는데 가장 가슴에 남아 있는 게 이 노랫말이다.

말 못하는 술 담배는 내 속을 알아주는디 말 잘하는 당신은 내 속을 몰라

소통 불능의 남편에 대한 원망이다. 남쪽 바다 멀고 먼 섬. 이 척박한 아웃사이더 여성들 속마음. 되풀이되어 온 남성 중심 사회. 출산과 육아. 갯바위로 달려가 몇 시간이고 해초 뜯어 씻고 데치고 무쳐서 밥상에 올려야 하는 수고. 어제 한 노동을 오늘도 되풀이해야 하는 지루함. 그뿐인가. 이래저래 인생살이 속앓이들은 또 어떻고….

남편이 알아주면 좋겠는데 모른다. 사실은 애써 모른 척했을 확률이 높다. 타인에 대한 감각이 무뎌서 몰라주는 것도, 알지만 모른 척하는 것도 다 서럽다.

또 하나.

힘든 인생살이에 술과 담배가 위로를 준다는 소리 아닌가(술이 달면 인생이 쓰다는 속담이 있다). 속이 상할 때 마시고 피우면 마음이 안정되고, 좀 덜 억울하고, 좀 덜 외롭고, 좀 덜 힘들게 되는 것. 알코올과 니코틴의 작용을 사람 속을 알아준다고 표현한 것.

살아 보니 맞는 말이다. 내 속을 알아주어 난 지금도 담배 피우고 술을 마신다. 어떤 의사가 나를 야단쳤다(야단은 치지 않는 의사를 만나고 싶다, 야단맞고 버릇 고친 사람은 없으니까).

"술을 마신다고요?"

"예."

"몸이 이런데 술을 왜 마셔요?"

나도 모르게 대답이 나왔다.

"내 속을 알아주거든요."

물론 그는 계속 야단쳤다. 누구를 야단치기는 매우 쉽다.

이 노랫말을 맨 처음 만든 사람은 누굴까. 누구네 집 아주머니였을까. 굉장한 센스라 요즘 태어났으면 유능한 작사가나 시인이 되었을 텐데.

이 산다이 어원은 불분명하다. 이곳을 점령한 영국군의 'Sunday' 단어에서 왔다는 설도 있고 산대놀이에서 비롯되었다는 설도 있다. 나는 후자 쪽이다. 산다이 노랫말 중에 내 마음을 건드렸던 거 몇 개 적어 보면 이렇다.

연분이 좋아서 널 따라 살까, 본처 말 들으려고 널 따라 산다
나로도(섬 이름) 판장(수협어판장)에 전깃불 반짝, 우리 오빠 팔뚝에 금시계가 반짝
이 아래 갱번(바닷가)에 꿀 까는(굴 까는) 처녀야, 언제나 다 까고 내 사랑 될래
남남이 만나서 부부라 치고, 수십 년 뱃삯 없이 내 배를 탔네
대구리배 선장아 돈 자랑 말아라, 우리 낭군 내일모레 무역선 간다
오랍씨(오라버니) 장가는 후년에 들고 검엉소 팔아서 날 여워 주소

일일이 설명 안 해도 될 듯하다.
다만 마지막 것. 오빠 결혼은 내년으로 미루고 당장 외양간 소를 팔아서라도 나 시집가게 해 달라는, 명쾌하고 발랄한 도발. 아마도 사랑에 빠진 어린 처녀가 친구들과 산다이 하면서(또래 여자들끼리도 했으니까) 불렀지 않았을까 싶다. 그렇게라도 속마음을 털어놓고 싶은 충동. 노래 부르다 말고 서로 어깨를 치며 깔깔거리는, 한 무리의 검정 치마 처녀들이 눈에 보이는 듯하다.
그리고 '춤췄다' 단어에 라임 맞추듯 이어지는 노랫말도 이렇

게 있었다.

   시어머니 죽었다고 춤을 다 췄더니 보리방아 물 고르니 생각이 난다
   시아버지 죽었다고 춤을 다 췄더니 갱변에 다닐 적에 짚신 생각 난다
   시아재 죽었다고 춤을 다 췄더니 청송갱이(청솔가지) 땔 적에 생각이 난다
   시누이 죽었다고 춤을 다 췄더니 깅통(설거지통)에 손 널 적에 생각이 난다

## 그놈의 끗발 때문에

끗발은 지금도 많이들 쓴다. 어디서? 동네 골방 화투판에서 강원랜드까지 두루. 끗발이 좋다는 것은 '기세가 몹시 당당하다'는 뜻이다

끗발은 투전판(나중에는 화투나 카드)에서 나온 용어다. 이를테면 1부터 10까지 다섯 장의 카드를 받아 그중 세 장으로 10의 배수를 맞춘다. 1, 3, 6(합이 10). 또는 3, 7, 10(합이 20). 어떻게 해도 안 만들어지면 못 짓는 게 돼서 탈락. 십진법 합이 맞춰지면 남은 두 장의 숫자를 합쳐 끝의 수를 본다. 3과 7이면 10이니까 0. 가장 낮은 망통. 4와 5처럼 합이 9면 가장 높은 가보. 그러니까 그 끝수에서 나온 단어가 끗발이다.

난 노름을 좋아하지 않는데 어떻게 알고 있을까. 중학생 때 이것을 했다. '도리짓고땡'이라고 불렀다. 점심시간에는 물론 수업 시간에 하기도 했다. 까까머리 중딩들이 대갈통 숙인 채 동전 걸고 카드 돌리고 있으면 이 짓 하는 중이었다.

'그놈의 끗발 때문에'는 B 이모가 하던 말이다.

가을밤 섬마을. 누구네 집 사랑방에서 중년의 남자들이 동그랗게 앉아 육백 화투(고스톱이 유행하기 전 전라도 지방에서 하던 화투 방식. 삼봉과 비슷한 룰이다.)판이 한참이었다. 안방에 앉아 있던 이모는 밤이 깊어지자 슬그머니 사랑방으로 갔다. 담배 연기 자욱한 방에서는 남편과 동료들이 극도로 진지하게 게임에 몰두해 있었다. 거듭 힐끗거리던 이모는 조심히 물었다.

"안 갈라요?"

이모부의 낮은 음색이 묵직하게 흘러나왔다.

"가만있어 봐. 인자 끗발이 슬라고 하는디."

밖으로 나온 이모는 한동안 초승달을 바라보다가 혼자 입을 열었다.

"가자고 하고 싶어도 그놈의 끗발 때문에… 언제 오를지도 모를 그놈의 끗발 때문에."

끗발이 잘 서서 남편이 돈을 따면 좋은 일이긴 하지만 그러든 말든 남편의 기세가 막 솟구친다는 순간에 자신이 '찬물을 찌클어 버릴' 수는 없어서 참는 것이다. 문제는 그놈의 끗발이, 말 그대로 언제 오를지 아무도 모른다는 것.


20대 초반, 나는 가방 하나 메고 세상을 떠돌았다. 그러다가 흘러 들어간 서울 용산. 어떤 오락실 안에서 야바위판이 벌어지고 있었다. 1부터 6까지 숫자가 써진 커다란 마분지가 탁자에 있고 이른바 판의 주인인 '오야'가 컵 속에서 주사위를 굴린다. 손을 멈추면 사람들이 여섯 개 숫자가 써진 공간에 각자 돈을 건다. 주사위 숫자를 맞춘 사람은 4배를 받고 그 외는 오야 몫이 된다(건 돈은 무조건 오야 몫).

그러니까 여섯 명이 각자 다른 숫자에 100원씩 건다면 오야는 매 판마다 200원씩 따는 것이다. 내 끗발이 제대로 올라 버렸다. 촉이 가는 데로 걸면 그대로 명중. 주머니에 동전이 가득 차서 지폐로 바꾸기도 했다. 갤러그나 전차 게임 같은 것을 하던 친구들이 수시로 와서 동전을 얻어 갔다.

커다란 도미를 낚았던 곳은 다시 찾아가기만 하면 또 물 것 같은 기분이 든다. 그 기분 때문에 다음 날 혼자 거기를 찾아갔고 이번에는 잃었다. 어제 딴 돈, 딱 그만큼을 잃었고 다음 날 다시 찾아갔다(오야가 아는 척을 했다).

그날도 마찬가지였다. 그때 깨달은 거 하나. 내 끗발이 좋지 않을 때는 그날 끗발 좋은 사람을 따라가면 되었다. 그 덕에 짜장면에 소주 마실 돈을 다시 땄었다.

# 이, 들어왔구만

　말한 대로 내 집 앞은 유림해수욕장이다. 이곳에서 집은 내가 사는 곳 하나이다. 국립공원 사무소와 멋대가리 없이 덩치가 크기만 한 호텔이 덩그렇게 있을 뿐이다. 그러니까 나는 남들이 시간, 돈 써서 찾아가는 곳에서 일 년 내내 자연물처럼 살고 있는 것이다(때문에 아늑한 카페나 술집을 그리워한다).

　이 또한 이야기한 대로, 1885년 3월 영국군이 거문도를 점령하고 고도에 기지를 세우자 맞은편 섬 모래밭인 이곳에 일본인들이 유곽을 세웠다. 적잖은 영국군들이 유곽을 다녀갔고 그중에는 실컷 놀고 기지로 헤엄쳐 가던 사병이 익사하는 사고도 있었다. 고도와 서도 사이에 다리가 세워진 것은 한참 뒤이다.

　이곳은 내가 맨 처음 수영을 익혔고 할머니에게 잠수하는 법을 배우기도 한 곳이다. 그뿐인가. 친구들과 낚시 관련하여 추억도 많다. 그 장소에서 이제 늙고 병든 몸이 되어 가는 중이다.

　그래서 종종 일곱 살의, 열일곱 살의, 스물다섯 살의, 서른두 살의, 서른여덟 살의(이 나이땐 맞은편 항만청 건물에 살고 있었다, 귀신 많이 나오기로 유명했던 곳이다) 한창훈이 해수욕장 여기저기에서 웃거나 가만히 앉아 있거나 술을 마시고 있는 것만 같다. 과거의 나와 현재의 내가 작은 마을 하나 만들어서 살고 있다고나 할까.

초여름이 다가오면 덕촌마을의 한 형님이 트럭 몰고 자주 오신다. 와서 빤히 해수욕장 바다를 바라본다. 나도 그 옆에 선다.
"보이든가?"
"어제 들어가 봤는데 보입디다."
무슨 소리냐면, 전날 내가 물안경 쓰고 바닷속으로 들어가 무언가를 보았다는 것이다. 뭐를? 민어를.
해마다 여름이면 이곳으로 네다섯 마리의 홍민어가 들어온다. 대략 1미터 정도의 크기다. 그것을 물안경으로 확인한 것. 그 형님은 고개를 끄덕이며 계속 눈길을 준다. 이윽고 흰 모래밭이 비치는 얕은 쪽에서 커다란 민어가 헤엄치는 모습이 보인다. 밀물 때이니 이렇게 가까이에서 보이는 것이다.
"이, 들어왔구만."
그리고 트럭에서 낚싯대 두 개를 꺼내 채비를 던져 넣는다. 미끼는 오징어 내장. 그리고 하염없이 기다린다. 나는? 며칠 전부터 바다에 들어가 민어 들어온 것을 확인한 이유는 다른 게 아니다. 낚으려는 것. 하지만 나는 한 번도 낚아내지 못했고 이런 장면은 해마다 되풀이되어 왔다. 오랫동안의 경험으로 이 정도면 들어오겠다 싶어 그 형님은 해수욕장에 찾아온 것이고 나를 만나는 것이다. 나는 그저 구경만 한다.

'들어왔구만.' 소리는 '오, 내 고기가 올해도 들어왔구나.'라는 뜻이다. 여름에 들어오는 민어 몇 마리는 그 형님 입장에서는 자기 것이다. 얼마에 팔아 그 돈으로 무엇을 해야지(주로 정기 검진이나 새로운 임플란트 비용으로), 정해 놓았다. 그 자세가 너무나도 자연스러워 나는 내 집 앞에 들어온 애들을(내 집 앞으로 날아온 까마귀가 내 것이 아니듯) 한 번도 잡지 못하는 것이다.

삼십 분쯤 뒤에 민어 하나가 물었고 형님은 이십 분 정도 싸움 끝에 낚아 올렸다. 결국 낚싯대가 부러지기까지 했다.

속도 좋은 나는 형님이 릴링하는 동안 도와주었고 모래밭으로 내려가 민어를 끌어 올렸으며 순간접착제로 낚싯대 수리도 해 주었다. 트럭에 싣고 온 함지박에 물을 담아 살린 상태로 그는 되돌아갔다. 가면서 그예 한마디 더 했다.

"일단 가서 살려 놓고… (저만치에서 헤엄치는 다른 놈을 바라보며) 저것은 좀 있다가 낚아야겠구만. 나 얼른 갔다 올게."

나 얼른 갔다 올게, 소리는 남은 민어들도 내 것이니 낚지 말라는 소리다. 나는 그 형님이 민어를 옮기는 동안 머슴처럼 가만히 앉아서 기다렸다. 내 집 앞으로 찾아온 남의 민어를 바라보면서.

## 모래성

 오후 두 시. 조용하던 바깥에서 소리가 들린다. 등대로 걸어가는 관광객들이 아니다. 내다보니 해수욕장에서 남자아이가 뭐라고 알 수 없는 소리를 질러 대고 있다. 초등학교 아이 혼자서 물놀이를 하고 있는 것이다. 아이 아빠는 계단참에 앉아서 내려다보고 있다. 아빠를 졸라서 물놀이 왔다는 것은 안 봐도 뻔하다.
 7월이 되기는 했지만 이곳 해수욕장은 아직 개장을 안 했다. 장마 기간인 데다 바닷물 온도가 아직 낮은 상태이다. 추울 텐데

도 아이는 탄성을 질러 댔다. 작년에도 아이는 종종 혼자서 물놀이를 왔었다. 그때마다 혼자 놀기의 진수를 보여 주었다.

파도야 나에게 덤벼라, 손오공 에네르기파 같은 것을 쏘기도 하고 으악, 고래가 나타났다, 도망가자, 바깥으로 뛰어나오기도 했다. 어떤 때는 한 시간 내내 그런 소리가 들렸다. 심심하니까 저가 내질러 놓은 소리랑 놀았던 것이다. 그 애는 상어가 자기 고추를 물어 버렸다고 말하곤 했는데 들은 사람마다 어디 한번 보자고 했기 때문에 별로 아프지는 않았으며 이제는 말끔히 나았다고 대답해야 했다.

이곳은 피서철에도 고작 이삼십 명 정도의 사람만 찾아온다. 그러다 보니 이렇게 홀로 물놀이하는 풍경이 종종 생긴다. 개장하면 구조대원이 두 명 상주한다. 덕분에 구조대원 한 명이 수영하는 다른 대원만 바라보고 있는 풍경도 함께 생긴다.

물놀이가 끝날 때쯤 아이는 매번 모래성을 쌓았다. 이곳 모래는 물과 섞어 손으로 짜내면 방울방울 떨어지는 특성이 있다. 그래서 공을 들이면 기암괴석 같은 모양이 만들어진다. 이번에도 그랬다.

밀려오는 파도를 배경으로 퍼질러 앉아 모래 쌓고 짜내는 것에 몰입하다가 툭툭 털고 일어섰다. 아빠가 아이를 트럭에 싣고 돌아가자 그 아이의 흔적으로 자그마한 모래성만이 남았다. 나는 사람 떠난 자리로 찾아가 앉아 담배 한 대 피우며 홀로 남은 모래성을 바라본다. 이윽고 밀물이 밀려 들어와 천천히 무너뜨

릴 때까지.

이곳 아이들은 이렇게 논다. 논 횟수만큼 그것이 생기고 그리고 사라진다. 오래전 나도 그랬다. 놀다 지치면 모래성을 쌓았고 파도가 그것을 잠식하는 장면을 바라보다가 돌아갔다. 공연히 쓸쓸했다. 세월이 흘렀고 이제 이 아이들이 그러고 있다. 올여름도 이런 장면이 여러 번 되풀이될 것이다.

몇 개의 모래성을 혼자 쌓아야 섬마을 아이는 어른이 될까.

# 길 5 – 신추 가는 길

　신추는 거문도에서 최초로 만들어진 마을이라고 여겨진다. 한때 논이 있었던 곳이기도 하다.
　거문도는 날짐승들 집처럼 타원형으로 생겼다. 내해를 바라보는 안정된 곳에 마을들이 있다. 뒤편은 대부분 절벽이다. 그런데 신추마을은 그 절벽들 사이에(어느 정도의 평지가 확보되어 있다 하더라도) 만들어진 마을이었다. 이었다, 라고 말한 것은 지금은 모두 없어졌기 때문이다.
　청산도에서 입도조가 왔다면 신추에 첫 번째 마을이 생겼다는 게 일리가 있다. 청산도가 멀리 보이니까. 두고 온 고향을 멀리서라도 보고 싶어 했거나 혹시 쫓아오는 사람이 있을지 몰라 경계했거나 아무튼.
　어렸을 적에 그 마을에 대해 들었다. 산 너머에 마을이 있어 사람이 산다고 했다. 그때까지 내가 알고 있는 마을은 모두 여섯 개였다. 그것도 많았다. 마을마다 사람들은 넘쳐났다. 그런데 또 있단다. 신추마을이.

그것은 아직 못 먹어 본 짜장면이나 아직 못 본 영화 〈외팔이〉나 〈용팔이〉, 못 가 본 창경원 같은 거였다. 입에 넣어 보지 못하고, 손으로 만져 보지 못하고, 눈으로도 보지 못한 것들은 늘 신비하고 경이로웠다. 그리고 그것들은 아주 멀리 있었다.

당장, 짜장면만 해도 삼산호 타고 여덟 시간 가야 도착한다는 여수의 중국집에 있었다. 중국집은 단어 그대로 이국적이었다. 짜장면을 먹고 온 아이는, 그건 마치 굵은 국수 위에 팥죽을 얹어 놓은 것만 같은데 맛은 전혀 다른, 기가 막힌 것이라고 나름대로 설명했다. 내가 물었다.

"무슨 맛인디?"

"음, 맛있는 맛이여."

대답이 그래서 그 맛을 짐작할 수도 없었다. 먹어 보기 전까지는. 어린 나에게 신추라는 마을도 못 가 본 육지나 외국처럼 환상의 공간이었다. 거기는 누가 살고 있을까. 어떤 모습으로, 어떻게 살고 있을까.

처음 가 본 게 여덟 살 정도였을까? 정확하지 않다. 다만 할머니 따라가던 길에 유난히 산새가 많이 울었다는 것, 그리고 덕촌보다 작은 마을이며 바닷가에 몽돌밭이 있다는 것은 정확히 기억한다. 늦은 오후 갔던 길을 되짚어 올라왔는데 같은 길이라도 갈 때와 올 때 느낌이 전혀 다르다는 것을 알게 된 것도 그때이다.

「청춘에 죽은」 시동생 편의 J 이모는 덕촌마을 처녀였다. 신추마을에 총각이 있었고 누군가 중매를 섰다. 좁은 섬마을들이라 얼굴은 알고 있었다. 이모는 일찍 부모를 여의고 작은아버지 손에 컸다. 작은아버지는 동북 아시아권을 휠휠 돌아다니며 살았다. 덕분에 그녀는 어린 시절은 일본에서, 성장기에는 평양에서 학교를 다닌, 독특한 이력을 가지고 있다.

(사실, 거문도에서 이 정도의 경력은 특이한 것이 못 된다. 섬은 동서남북 바닷길만 있는 곳인 데다 통이 커서 돛배로 대마도 다녀온 것은 옆집에 놀러 갔다 온 정도였다. 울릉도도 수시로 다녀왔었다.)

총각은 글씨 솜씨가 좋아서 초등학교 사서로 있었다. 서로 마음에 들었다. 처가가 있는 덕촌에서 두 사람은 혼례식을 올렸다. 한 집안의 잔치가 마을 잔치 되는 것은 그 시절 흔한 모습이었다. 밤을 보내고 이제 본가로 가는 시간. 탈 말이 없어 신랑은 걸었다. 신부는 가마를 탔다.

조금 전 좁은 섬마을이라고 말했다. 섬은 좁은 대신 위로만 솟구쳐서 가파르다. 바다 한가운데 솟은 산. 그게 섬이다. 여객선을 타게 되면 한번 보시라. 아주 드문 경우만 빼고 모두 바다에 있는 산이다. 낮고 널찍한 곳이 있다 해도 그런 곳은 물이 부족해 살기 어렵다.

예나 지금이나 섬에서 사람이 살기 위한 첫 번째 조건이 물이다. 물 이야기 하려는 게 아니다. 섬은 바닷가 길을 제외하면 모두 가파르다는 것을 말하고 있다. 덕촌에서 신추마을로 가는 길도 그랬다. 마을을 벗어나면 반작끝이라는 곳이 나온다. 신추 가는 첫 번째 관문이다. 반작지가 있는 끝이라는 뜻으로 반작지는 자갈밭을 말한다, 거기는 넓은 바위가 사십 도 넘는 각도로 기울어져 있다. 거기서부터 본격적인 산행이다. 길은 끝까지 가파르고 구불구불하다.

반작끝에 왔을 때, 그러니까 마을을 막 벗어나자마자, 가마꾼들은 가마를 내려놓고 숨을 내쉬었다. 그리고 말했다.

"어이 색시, 내려."

연지 곤지 찍은 색시는 가마에서 내렸다. 그리고 땀 흘리며 산길을 걸어 올라가야 했다. 가마꾼들이 사람 태우고 고개를 넘는 것은 너무 힘들기에. 그렇게 신랑 신부는 걷고 가마꾼들은 빈 가마 들고 재넘(덕촌 마을에서 신추 넘어가는 고개 이름. 이곳에서 길이 갈라져 해수욕장으로도 갈 수 있다.)을 넘었다. 아름드리 소나무와 억새밭을 지났다. 산새는 거듭 울고.

이제는 내리막길. 한참 내려가자 마을이 보였다. 가마꾼들이 말했다.

"어이 색시, 얼른 타."

이모는 비로소 가마에 탈 수 있었다. 그러니까 사람들에게 보여 주는 출발과 도착만 폼나게 만들어 준 것. 아아, 야매스러움이여, 요즘 식으로 굳이 바꿔 말한다면, 결혼식장에서 멋진 스포츠카를 타고 출발하여 사거리 돌자마자 신랑 신부 내려 졸라 뛰어간 다음 공항 거의 다 가서 다시 스포츠카에 올라타는 형국이다. 그러고도 이모집에서는 가마채를 내야 했다.

아무튼 신추마을에서도 새색시 온다고 사람들이 기다리고 있었다. 화장이 지워질까 봐 새색시는 땀도 제대로 닦지 못하고 고개 숙여 가마에서 내렸다. 70년대 후반 그 마을에는 열네 가구, 오십여 명이 살고 있었다. 그러니까 그날 새색시가 가마를 탄 거리는 기껏해야 150미터 정도.

신추는 현재 마을 흔적만 있다. 몇 년 전 친구들과 한번 걸어가 봤는데(배낚시 가서는 자주 보지만) 잡목과 넝쿨이 우거져 끝내 몽돌밭에는 도착도 못 하고 발걸음을 돌려야 했다.

## 고집이 찍찍 흐른다




오후 여섯 시 여객선 터미널 잔교, 도착한 여객선에서 사람들이 빠져나가자 뒤이어 화물 찾으려는 주민들이 들이닥쳤다. 이런저런 종이 상자에 장판 묶음이나 스티로폼 박스 등 주문 받은 여수 가게들에서 화물로 부친 것들이다. 이건 이렇게 직접 찾으러 가야 한다.

가장 늦게 나타난 두 아주머니가 덩그러니 남은 상자를 각자 밀차에 실었다. 날이 몹시 흐렸고 파도가 높았다,

"안 올 줄 알었더니 왔네."

"그러게 말이여."

"어떻게든지 안 올라고 노력하는 배가."

"얼른 가세, 비 쏟아지겠네"

한 아주머니 말에 친구는 밀차를 밀다 말고 하늘을 올려다보았다. 역시나 하늘은 짙은 구름이 층층 쌓여 금방이라도 한바탕 풍파를 일으킬 것만 같았다. 편치 않은 눈으로 한동안 바라보던 그녀는 그예 한마디 덧붙였다.

"아주 고집이 찍찍 흐르구만."

내가 봐도 하늘은 잔뜩 꼬라지가 난 형국이었다. 급기야 저 멀리서 구르릉, 천둥소리도 들렸다. 고집이 찍찍 흐르는 하늘. 생명체가 아닌 것에 순간 인성을 부여하는 이 버릇은 시골 노인들에게는 흔하다. 바로 「눈은 원래 게을러」 편에서 나온 물활론적인 사고.

"어째 자꾸 서는 거여?"

경운기가 탈탈거리다가 서 버리자 늙은 농부가 버럭 고함을 질렀다. 이것도 물활이다. 하지만 진정한 물활론의 대가는 따로 있다. 바로 할머니. 다른 산문집에 썼던 내용인데, 한 번 더 해야겠다. 용서하시라. 그만큼 할머니의 물활은 범접하기 어려운 수준이니까.


그중 하나가 귤나무이다.

할머니는 유난히 화초를 잘 키우셨다. 시들시들한 녀석을 맡겨 놓으면 중환자실에서 기적적으로 소생하듯 살아나 꽃을 피우곤 했다. 평소에 귤나무를 한 그루 키우고 싶어 했다. 그 말 들은 어떤 분이 제주도 간 김에 묘목 두 그루를 사다가 선물했다.

그런데 해마다 꽃만 무성하게 피었지 탱자 같은 것 하나 열리지 않아 할머니는 끌끌 혀를 찼다. 그러던 어느 초겨울. 나무에 큼직한 귤 두 개가 떠억 열려 있었다.

"어, 할머니. 이거 드디어 열렸네요."

그런데 대답이 없었다. 대신 모처럼 친정 온 이모가 피식 웃었다. 눈치가 이상해서 다시 보니 명주실로 매달아 놓은 거였다. 보다 못한 할머니가 어디에서 이바지 들어온 것 중에 굵고 여문 것으로 골라 나무에 묶어 놓은 거였다. 네가 만들어야 할 것이 이것이다, 이렇게 샘플을 달아 준 것. 나는 어이가 없어서 웃었고 할머니는 침묵했다.

그리고 다음 해 웃음을 취소하기에 이르렀다. 나무가 귤을 주렁주렁 만들어 낸 것이다. 그 이래로 해마다 탱탱한 귤이 잔뜩 열렸다. 우연인지, 필연인지 알 수 없다. 다만 할머니는 그 변화를 아주 덤덤하게 받아들였다.

## 가슴에 피

중학교 2학년 때였다. 여수 남산동에는 시장이 있고 언덕이라고 봐도 무방할 정도의 헐벗은 뒷산이 있고 연등천도 있는 중간 어디쯤에 친구 집이 있었다. 어느 일요일, 뒷산에서 찰흙을 파 온 친구와 나는 나무뿌리나 풀 따위를 골라내기 시작했다.

미술 교사가 찰흙 공예를 할 것이니 준비해 오라고 시켰었고 학교 앞 문방구에 그 재료를 판다고 써 붙여 놓았지만 돈 아껴 보려고 직접 준비하기로 한 것이다.

문제는 친구 엄마였다. 그 집엘 들어서던 오전에 이미 그녀는 어떤 아주머니와 술을 마시고 있었다. 뒷산에서 낑낑거리며 흙을 파 왔을 때는 혼자서 소주를 자작하고 있었다. 머리매무새는 망가졌고 눈빛도 흘러내릴 정도로 엉망이었다. 찰흙 채비를 마치자 오후 2시가 넘었는데도 그녀는 여전히 그 모습이었다. 우리에게 밥을 줄 생각은 아예 없어 보였다. 엄마한테 무슨 일이 있었는가, 물어도 친구는 혀를 차기만 했다. 이윽고 그녀가 아들을 부르며 동전을 몇 개 내던졌다. 소주 한 병 사 오라는 것.

아들의 불만이 폭발했다. 친구도 왔는데 종일 술만 마시고 있으면 어쩌라는 거야, 하는 원망이었다. 그녀가 잠시 내 쪽을 물끄러미 바라보았기에 나는 엉겁결에 아침에 했던 대로 다시 고개를 숙였다. 그녀는 저만치 보이는 여수 앞바다로 고개를 돌렸다. 그리고 혼잣말을 했다.

"가심에 피여, 가심에 피."

뒤이어 가슴을 팡팡 두드리며 같은 소리를 연거푸 내뱉었다.

"또 그놈의 소리."

"내 가심에 피라고 아 자식아, 얼른 소주나 사 와."

친구는 외마디 소리를 지르며 뛰쳐나갔고 뒤따르던 나는 잠깐 그녀와 눈이 스쳤는데 단순한 술주정이 아닌 어떤 깊은 절망이나 어둠 같은 게 눈동자 너머에 덩어리져 있는 듯했다. 배가 고팠던 우리는 바닷가 길을 걸어 종포 굴 껍데기 하치장으로 가서 껍데기를 뒤졌다.

간혹 굴 알맹이가 매달린 게 있어서 그것을 주워 먹으러 간 것이다. 하지만 껍데기를 뒤지는 내내 가심에 피라는 말이 귀에서 떨어지지 않았다. 무슨 소릴까. 이쪽 동네는 가슴을 가심이라고 부르는 것은 알고 있었다. 그러니까 가슴에 피, 라는 소리였다. 그렇다면 폐병을 앓는다는 말일까… 그런 거 같지는 않았다.

다음날 미술 시간. 교사는 찰흙을 문구점에서 사 오지 않았다고 나와 친구 그리고 우리처럼 직접 준비했던 몇몇 아이들 뺨을 때렸다. 그가 진심으로 화를 내고 있어서 문방구와 어떤 거래가 있었다는 것 정도는 충분히 짐작할 수 있었다. 찰흙을 직접 구해 왔다고 얻어맞은 나는 몹시도 언짢았다. 그 기분은 오후 시간이 가고 하교할 때까지도 가시지 않았다. 억울함과 속상함이 계속 남아 있었던 것이다. 길을 걷다가 순간 친구 엄마의 말이 이해되면서 나도 모르게 이렇게 내뱉었다.

"이런 기분이 가심에 피인 모양이군."

여순 사건 희생자 추모 음반 〈봄이면 사과꽃이〉에는 김원중의 〈여순 동백〉이라는 곡이 실려 있다. 박두규 시인의 시가 원작인 가사는 '동백꽃 붉은 여수 망망한 바다, 그대는 가슴에 피 묻은 붕대를 감고, 파도 소리에 뒤척이며 잠 못 이루네, 푸른 하늘 서러워 동백꽃 지는 날, 아직도 흐르지 못한 그 세월이 내 가슴에 흐르네, 흐르고 있네'이다.

'가슴에 피'는 그러니까 가슴에 고여 있는 핏덩이라고 할까. 참 아픈 표현이며 다른 말로 하면 한恨이다.

내 외가 중에서 큰집은 여순 사건으로 '아작'이 났었다. 그 집안 어른이 좌익에 연루되었던 것. 그분 아들들인 나의 당숙들은 줄줄이 유명 대학을 나왔으나 좌익 연좌에 걸려 원하는 직업을 가질 수 없었다.

연좌에 걸리면 공무원은 될 수도 없고 대기업에 들어가더라도 과장이 한계였다. 그래서 대부분 학원 강사를 했다. 돈은 잘

벌었지만, 인생이 돈 하나로만 이뤄지던가, 어디.

그중 한 분은 나와 술 마시면서 소설로 자신의 한을 풀어 달라고 한 번씩 말씀하시곤 했다. 그러면 나는 마음이 무거워진다. 어찌 안 그러겠는가.

제주 가면 4·3으로 소설을 쓰라고 하고 광주에 가면 5·18로 소설을 쓰라고들 했다(5·18은 내가 고등학교 2학년 때 광주에서 직접 겪었고 두 번이나 죽을 뻔했기 때문에 나중에 쓰긴 한다). 그리고 이렇게 당숙은 천형 같은 집안 문제를 풀어내는 의미로써 써 달라고 한 것이다. 그러면 자신의 한이 풀어질 거라 생각하셨을 거니까. 하지만 막막한 나는 이렇게 대답했다.

"삼촌, 이른바 가슴의 피, 그 한의 속성이 뭔지 아십니까?"
"뭔데?"
"절대 풀리지 않는다는 것입니다."
"……"
"풀린다면 처음부터 한이 아니었던 거죠. 깊은 슬픔 정도?"
"……"
"그러니까 삼촌의 한은 제가 소설을 써도 풀릴 수가 없겠죠."

그 정도에서 당숙은 나를 놔 주었다.

친구 엄마뿐이 아니었다. 전라도 바닷가 집구석 골방마다 막소주 마시며 가슴을 쿵쿵 치는 초로의 여인네들 적잖았다. 그녀들은 예의 "가심에 피." "가심에 피." 소리를 이어 나갔다.

여순 사건처럼 역사적 사연이 아니어도 그런 애달픔은 늘 있었다. 이를테면 바다에서 죽은 어미나, 병으로 일찍 세상 뜬 큰 자식 같은, 풀어질 수 없는 슬픔의 덩어리가 가슴속에 응어리져 있으니까.

깊은 밤, 송기원 선생의 시에 나오는 '물엿 같은 울음'을 우는 사람들. 가슴 치며 눈물을 이어가는 늙은 여인들. 서러움이 얼마나 강한지 죽어 화장하면 오로지 한으로 만들어진, 가심의 피로 빚어낸 붉은 구슬이라도 하나 남아 있을 것만 같다.

허수경 시인은 어느 글에선가. '내사 새복에는 배고파 밥묵고 울었소'라는 표현을 썼다. 배고파 밥 먹고 우는 울음. 끝이 없는 울음. 생존 자체가 눈물이 되는 형국.

S 아주머니는 거문도 태생으로 부모 따라 일찍 중국으로 건너갔다. 아버지가 아편 중독으로 사망했다. 죽은 아버지를 리어카에 싣고 200킬로미터 걸어간 게 열두 살 때였다. 곧이어 어머니도 죽었다. 하나 있던 동생은 일본 어딘가로, 본인은 어찌어찌 거문도로 돌아와 남의집살이를 했다.

가난하기로 소문난 집으로 친척이 시집을 보냈다. 시집온 다음 날 시아버지가 밥상을 걷어차 엎었다. 찬이 부실하다는 이유로. 반찬이라곤 된장 간장 소금뿐인 집인데 어제 시집온 며느리가 무슨 재주로……. 남은 부분은 상상의 영역이다.

먼저 보낸 자식도 있었으니 인생 어느 부분을 둘러보아도 모두 한이다. 가슴에 딱 고여 있는, 절대 풀어지지 않는 핏덩어리. 밥 숟가락질만큼이나 한숨을 내쉬고 가슴을 두드리는 게 하루 일과였다. 간혹 멍하니 바다를 보는 것 외에는 끝없는 노동뿐이었다.

할머니하고는 육촌 간이어서 한 번씩 찾아오곤 했다. 어느 어버이날 찾아와서 할머니랑 손잡고 울었던 적이 있다.

"아이고 언니. 밍이. 밍이 이렇게 질겨서……."

"긍게 말이다. 뭐 한다고 이렇게 밍줄이 길어서……."

목숨 줄이 길어서 죽고 싶어도 죽지 못한다고 한탄들 하신 것이다. 그것도 가슴에 카네이션 하나씩 달고서.

이분, 남몰래 시詩를 썼다. 다섯 편 정도를 나에게 보여 주신 적이 있다. 낡은 노트에 비틀 배틀 글자체와 틀린 철자법으로(글 쓸 때 이런 거 아무 상관 없다). '아, 살려고 시를 쓰시는 구나.' 나는 생각했다.

그중 한편 제목이 '소'였다. 소가 바닷가에서 계속 운다는 내용. 듣고 있던 할머니가 타박했다.

"뭔 소가 갱번(바닷가)에서 운다냐. 소는 산에서 울어야지."

내가 한마디 거들었다.

"할머니, 여기서 소는 소가 아니고 사람이에요."

한동안 있던 할머니는 그러나 끝내 수긍 안 하셨다.

"그래도 소라고 썼다메……. 소는 산에 있어야 써. 갱번에 있으면 안 돼."

　모든 시가 다 두루뭉술했기에 사연이 조금은 구체적으로 들어가기를 나는 희망했다. 그것만 들어가면 아는 곳에 부탁하여 문예지에 실리게 해드리고 싶었다. 하지만 그분은 끝내 써 오지 않으셨다. 가심에 피, 인데 그걸 쓰자면 풀어지지 않는 그 아픈 사연으로 다시 들어가야 했기 때문에 끝내 못 고쳤다고 나는 지금도 이해하고 있다. 진짜 한이며 가심에 피다.
　할머니도, 그분도 다 돌아가셨다. 해소되지 않는 그 한恨의 핏덩이를 가슴에 안은 채.

## 양복 입고 칼 차고 벼락 맞아 뒤질

동도초등학교 동창회 때였다. 중년들이 하는 동창회는 말라붙은 꽃다발에 물을 주어 순간 되살아나게 하는 마력이 있다. 묵은데기들이 순식간에 까까머리가 되거나 머리 땋아 내린 여학생으로 돌아가 버리니까.

그러다 보니 한 남자애가 오버를 했다. 강도 높은 야한 농담에 담배까지 피웠던 것. 여자애가 버럭 고함을 질렀다.

"야, 이 새끼야. 양복 입고 칼 차고 베락(벼락) 맞아 뒤질 놈아!"

자, 따져 보자. 양복은 현실적인 성공을 뜻한다. 도시로 나가서 번듯한 사람이 되었다는 것. 칼은 이순신 장군을 떠올리면 된다. 남쪽 바다는 이순신 장군에 대한 역사적 DNA가 풍부한 곳이다. 어디서나 장군에 관한 이야기가 내려온다.

여수에서 중학교 다닐 때 놀러 간 친구 집 뒷산에 보기 좋은 나무가 한 그루 있었다. 근데 시작점이 끝내줬다. 이순신 장군이 지팡이를 꽂았는데 이렇게 울창한 나무가 되었다는 것. 문제는 그런 나무가 웬만한 마을마다 하나씩은 다 있다는 것이다. 사실이라면 장군에게는 일 년 내내가 식목일이었다는 거 아닌가.

그러니까 여기서 칼 차고, 는 일본 순사도 아니고 조폭도 아닌, 최고의 명예를 상징한다. 민족을 구한 영웅까지는 아니더라도 나름 계급 확보의 보증이 되는 그 칼이다. 장군의 시에도 나오지 않던가. '큰 칼 옆에 차고 깊은 시름 하던 차에…'

다시 정리. 최고의 명예와 현실의 성공을 이룬 직후 벼락 맞아 죽으라는 것. 가장 멋진 그 순간 천벌을 받아 뒈지라는 뜻이다. 물론 그 친구는 현재까지 벼락을 맞지 않고 있다. 현실적인 성공도, 명예도 아직 못 이뤄 냈으니까.

## 바다여 내 노래를

그 동창 중 한 사람 이야기이다.

내가 태어나던 즈음 동도 죽촌마을에 사내아이가 하나 태어났다. 이름은 마철호, 겉으로 보기에는 다른 아이들과 큰 차이 없었지만 유별난 면이 하나 있었다. 바로 노래. 매력 있는 목소리에 타고난 감각을 지닌 소년이었다.

어른들 대상으로 하는 동네 콩쿠르에 나간 게 초등학교 5학년 때였다. 거기서 김상진(이라는 가수가 있다)의 〈고향이 좋아〉를 불렀고(타향도 정이 들면 정이 들면 고향이라고… 가사가 이랬다) 뜻밖의 실력에 놀란 어른들은 숙덕거린 끝에 없던 인기상을 만들어서 주었다. 상품은 커다란 '바께쓰'. 인기상 시상 이유는 '너무 잘하지만 나이도 너무 어려서'.

그대로 잘 컸으면 일찌감치 가수를 목표로 음악 공부를 하게 됐을 것이다. 하지만 문제가 생겼으니 아버지가 배 사업 실패를 봤고 상황이 점점 더 어려워져서 결국 집안 물건에 빨간딱지가 붙게 됐다는 것.

열다섯 살 소년은 결심하게 된다. 아버지를 돕기 위해 돈을 벌 테다! 당장 급한 게 공부보다는 그것이었다. 집안에서 반대할 게 뻔하기에 그는 몰래 여객선을 타게 탄다. 이런 경우 보통은 보따리 싸서 야반도주하게 된다. 밤 기차를 타기 마련이니까.

하지만 섬은 기차는커녕 버스도 없다. 오로지 여객선이다. 남의 눈 피해 여수로, 거기서 부산으로 이동한다. 부산에는 몇 년 전 먼저 도망쳤던 작은형이 자리를 잡고 있었다. 그때부터 우리의 마철호 군 인생이 본격적으로 시작된다.

하루 종일 화장실 냄새 올라오는 작은형 방에 얹혀살면서 가장 먼저 들어간 곳이 사상구에 있는 양파 망 만드는 공장이었다. 공장이래 봤자 가내수공업 정도지만 말이다. 그 시절 월급 또한 뻔했기에 그의 행보는 좌충우돌하게 된다. 양파 망에서 '고무다라이' 만드는 곳으로. '다라이' 재료가 과자 봉지라는 것을 알게 된다. 거기서 다시 전자제품 부품 만드는 사출 공장으로, 또 어디로.

아무리 열심히 일해도 월급으로 방세 내고 토큰 사면 생활비가 부족했다. 머리 조금 굵어진 열여덟 살. 그는 다시 깊은 궁리에 들어간다. 아버지 도와줄 만한 돈을 벌지 못하고 있기에 그는 낙담한 상태였다.

하여 영도다리 아래 대서소 하고 있던 아버지 친구를 찾아가게 된다. 원양어선 타게 해 달라고. 이게 우리 섬 남자들 DNA이다. 돈을 벌려면 배를 타야 한다는 것. 섬 여자들 돈 버는 유일한 방법이 해녀가 되는 것뿐이듯.

순서는 이렇다. 섬에서는 일찌감치 배에 익숙해지기 마련이다. 조금 크면 원양어선을 탄다. 삼 년 정도 타면 경력 인정받아 컨테이너선이나 유조선 같은 외항선을 탈 수 있다. 그 당시 외항선은 거의 외국 배였기 때문에 월급도 많고 안정적이었다. 일도 많지 않고,

그 양반 조언대로 어떻게든 30만 원을 만들고 이런저런 서류 준비하여 선원수첩을 발급받게 된다. 이 수첩이 첫 단계다. 선원의 신원 보증제도인데 승하선을 목적으로 비행기 탈 때 여권 대용이기도 했다. 지금은 없어진 제도이다.

그렇게 해서 날아간 곳이 남태평양. 대상 어종은 참치. 조업 방식은 주낙. 몇 달 동안 잡아 냉동한 것을 사모아 기지로 운반하고 다시 조업. 그 생활을 삼 년 했다.

그럼, 노래는? 그의 마음과 입은 한 번도 노래를 놓지 않았다. 밤이 되면 갑판이나 브리지 지붕에 올라가서 부르고 또 불렀다. 밤하늘 달을 바라보면서 고향과 가족을 그리는 마음으로. 바다를 자극하지 않기 위해 가급적 낮고 부드러운 곡으로 골랐다. 언젠간 가수가 되어서 사람들 앞에서 부르겠지만 지금은 바다여, 네가 내 노래를 들어 다오….

밤바다로 퍼져 나가는 그의 노래는 물고기를 모으는 집어가集魚歌이자 동시에 거친 파도를 잠재우고 무사 항해를 기원하는 만파식요萬波息謠였다. 달은 멀고 동료들은 잠이 들었기 때문에 그가 부른 노래는 늘 바다가 들었다. 뱃전에 부딪히는 물결이 반주이자

청중이었다.

남태평양이란 곳이 일단 덥다. 사모아는 보통 40도까지 올라간다, 삼 년을 마친 그는 지구별 더운 바다는 경험했으니 이번에는 추운 바다로 가 보자는, 누구도 하지 않았던 짓을 벌인다, 회사를 바꿔 북극해 알래스카로 명태 잡으러 간 것이다.

흘러다니는 유빙은 물론 빙하가 쩍 갈라지며 거대한 파도 일으키는 곳을 돌아다니며 조업을 한다. 춥긴 추웠다. 세상은 덥거나 춥거나 둘 중 하나였다. 거기서도 노래를 불렀다. 빙하와 유빙, 눈발이 그의 노래를 들었고 간혹 북극고래가 귀를 기울이며 지나갔다. 그의 노래는 그렇게 남반구 거쳐 북반구 바다에서도 영롱하게 아롱졌다.

북극해에서 이 년이 지났을 때 부상을 당했고 그것으로 하선하게 된다. 이야기한 대로 이제 돈 벌 수 있는 시기가 된 것이다. 삼 년이면 충분한데도 오 년이나 채웠으니 이력서만 내면 외항선 취직은 따 놓은 당상. 하지만 하선 직후 동료 선원들과 소주 마시다가 이런 선언을 하기에 이른다.

"더운 바다, 추운 바다 다 겪어 봤으니 난 이제 그만할란다."

"뭔 소리야. 외항선 타서 돈 많이 벌어야지. 지금까지 한 고생이 아까운데."

"아니, 이거 가지고 있으면 평생 뱃놈밖에 못 해."

그리고 그 귀중한 선원수첩을 연탄불 위로 던져 버린다. 틀린 말 아니다. 그의 목표는 선원이 아니라 가수였으니.

보통 그 시절 가수 되겠다는 사람들은 서울로 올라가고, 이런 저런 사기 당해 최소 소 한 마리 값 날리기 마련이었다. 그러는 대신 그는 다시 부산의 공장을 전전하게 된다. 이번에는 재단사가 된다. 신발, 군복, 와이셔츠 재단을 이어서 한다. 군용 납품 수통피까지도, 그때가 1987년, 6월 항쟁이 있던 시기. 그리고 그해 후반기에는 노동자 대투쟁이 시작된다. 그가 다니던 신평공단에서도 대규모 집회가 일어났다. 그사이 그는 반장 거쳐 계장 대리까지 승진해 있었다(언제 가수가 되지?).

그때 김해 신발 공장 대리로 회사를 옮기게 된다. 하지만 새로 건설 중인 공장이라서 한 달 말미가 생겼고 고향엘 잠시 가게 된다. 인생에서 뜻밖의 변화를 겪는 계기 중 가장 큰 게 물리적 이동이다. 여수에서 거문도 가는 덕일호(여섯 시간 걸렸다). 젊고 아리따운 처녀가 벽에 기댄 채 그의 옆에 앉아 있었다. 객실이 방으로 되어 있던 배였다.

도중 들르는 나로도나 손죽도, 초도 어디에도 그녀는 내리지 않았다. 심지어 거문도 동도에 같이 내렸다. 알고 보니 동도 보건진료소장이었던 것, 두 사람은 곧바로 사랑에 빠진다. 그녀는 서울 출신이고 간호대학 졸업하고 대학병원 인턴 거쳐(낙도 보건진료소장은 위급 시 직접 치료행위를 해야 하니까) 남쪽 바다 이런저런 섬 진료소장을 하던 중이었다.

거문도 오기 전에 이미 가거도, 조도 관사도, 손죽도를 거친 뒤였다. 스스로 선택하여 남쪽 바다 작은 섬을 전전하는 서울 처녀

팔자는 원인이 무언지 알 수가 없는 세계라 그냥 두고, 덕분에 거문도 사내는 장가를 들게 된다.

사랑에 빠져 결혼했다는 것은 이후 행보 또한 뜻하지 않게 바뀐다는 소리이기도 하다. 여수 낭도로 전근 가고 다시 부산으로 이동하여 작은형과 사출 공장을 직접 운영하는데 퇴직했던 아내가 복직한 곳이 욕지면 두미도 진료소(이렇게 섬만 찾아다니는 부부도 없을 것이다). 여기서는 배 한 척 장만하여 통발 어업도 한다(가수는 언제 되냐고).

큰아이 낳고 한동안 그렇게 지내다가 드디어 내륙 깊숙한 전북 장수 산서면 하월리로 이동. 이 변화무쌍한 행보에서도 놓지 않은 것이 노래였다. 언제 어디서든 그는 노래를 불렀다. 공장에서, 바다에서, 산에서, 다시 남원으로 옮겨 이번에는 흑염소를 길렀는데 둘째도 태어나 무럭무럭 자라던 어느 날 가족들이 요구를 해 오기 시작한다.

"이젠 좀 작은 것을 길러 봐요."

흑염소가 많아지다 보니 냄새도 나고 주변 원망도 있었던 것. 그는 가족의 의견을 받아들인다. 그렇다면 가장 작은 것을 키우리라. 그래서 선택한 것이 꿀벌(이보다 더 작을 수 없다). 즉, 양봉. 벌통 장만하고 꿀벌 분봉 받고 교육받은 뒤 홀로 이동한 곳은 여수시 돌산읍. 이유는? 남원보다 따뜻하니까.

제법 오래 양봉을 했다. 동창회를 하면 그의 차는 곧바로 눈에 띄었다. 벌통이 실려 있는 트럭이었으니까. 그리고 여수연안여객선터미널이나 사람들 찾아오는 바닷가 어디서나 그를 발견할 수 있었다. '진짜 꿀이 왔습니다' 소형 플래카드를 걸고 꿀을 팔고 있었으니까. 도대체 이 사내는 쉬는 법이 없다. 꿀 찾는 손님은 드물기 마련이다. 그러면 그의 입에서는 또 노래가 흘러나왔다.

그 어름이었다. 나에게 문자를 보내왔는데 〈풀려라 인생〉이라는 곡 악보였다. 뭐냐니까 이번에 취입할 자신의 노래라는 것. 아, 드디어, 드디어 가수가 되는 것이다. 그는 그렇게 시디를 내고 가수가 되었다. 키 크고 잘생긴 얼굴에(약간 느끼하긴 하지만) 평생 땡볕에서 일을 해 왔기에 얼굴이 타긴 했어도 반짝이 옷이 잘 어울리기는 했다.

두어 해 전에는 〈거문도 사랑〉이라는 2집 앨범도 냈다. "동백꽃 피는 고향 내 사랑 거문도야, 이 밤도 너 잘 있느냐, 고기 잡던 아버지 미역 따던 어머니 그 시절이 너무 그리워, 가고파도 또 못 가는, 잊지 못할 고향 바다 서러운 나그네 마음" 이런 가사인데 남태평양에서 북해도, 우리나라 이곳저곳을 떠도는 신세였으니 고향을 그리는 나그네가 맞긴 하다.

풍랑이 불어서 여객선이 통제된 날 여수 어느 아파트 앞을 지나가는데 아 글쎄 이 친구가, 양봉업자이자 가수인 마철호가 입구에서 나를 부르는 거 아닌가.

엉뚱하게도 그의 트럭에는 벌꿀 대신 '옥수수와 효소로 만들어 부드럽고 속이 편한 손이 가 꽈배기·도너츠' 플래카드가 걸려 있

고 그는 그것들을 튀겨 내는 중이었다. 웬 꽈배기? 어떻게 된 일인가. 양봉은?

최근에 벌이 모두 죽어 버렸단다. 이유는, 드론으로 인한 농약 살포 때문. 날이면 날마다 죽어 가는 벌들을 보면서 낙담하다가 깨끗이 청산하고 옥수숫가루 꽈배기, 도넛 장사를 하고 있는 중이었다. 벌이가 괜찮냐고 묻자 잘 팔리기는 한데 우크라이나 전쟁 때문에 옥수숫가루 값이 크게 올라 남는 것은 별로 없다고 대답해 왔다. 미국과 푸틴과 젤렌스키 때문에 여전히 고생길인 우리의 마철호.

뭐든 하는 이 친구, 가수까지 하는 거문도 사내는 지금도 가족과 떨어져 열심히 옥수수 꽈배기 도넛을 만들어 팔고 있다. 여수 시내 이곳저곳과 장날에 맞춰 순천 아랫장, 윗장, 광양 옥곡장을 오가면서.

그가 그동안 출연했던 채널은 아주 다양하다. 간단하게만 정리해 봐도 한두 군데가 아니다. 대봉감축제, 산수유꽃축제, 남해안향토가요제, 순천만예술단, 마한왕관기념문화제, 청룡사송년의 밤, 소년소녀가장돕기 섬머페스티벌, 실버아이TV, 가요TV, 쇼33트로트, 명작가요쇼, 이진관의 클릭인가요, 명작트로트, 트로트가요대행진, 씽씽가요탑쇼, 임희종의 보이는라디오, 순천 아랫장 금토먹거리 야시장무대(꽈배기 파는 곳 중 하나), 순천만국가정원, 방어진, 가요는즐거워, 등등.

그는 오늘도 그러고 있다. 새벽에 일어나 가루 반죽하고 트럭 몰고 다섯 군데 돌아다니며 꽈배기와 도넛을 팔고 사이사이 빤짝이나 정장 입고 저 숱한 채널에 나가 자신의 노래를 부르면서. 바다에 노래 불러 주다가 끝내 가수가 된 내 친구 마철호.

마철호 1집 CD.

# 이녁

이거 참으로 촉촉하고 포근한 말이다.

배우자나 정인을 지칭하는 2인칭 단어로, 3인칭으로는 쓰지 않는다. 그니까 당신이 있어서 좋아, 같을 때 이녁이 있어서 좋아, 식으로 쓰인다. 또는 이녁이 저번에 그랬잖은가, 식으로.

낯선 사이인데도 일부러 상대 여성에게 이녁, 을 쓸 때가 있다. 그러면 상대는

"오메, 만나자마자 이녁이요?"

한다. 우린 아직 어떤 사이도 아니라는 것. 이 단어를 쓰려면 최소한 애인이어야 한다. '너, 당신. 자네'보다 백배 낫다. 요즘은 도통 쓰지를 않는다. 멋진 단어가 눈앞에서 사라져 가고 있다. 심지어 표준어인데도.

## 돼지고기 안 먹습니다

　우리 섬에 가두리 양식장이 여러 개 있다. 주로 도미와 우럭을 키운다. 영세한 곳은 부부 또는 형제가 하지만 조금 규모가 있으면 일하는 사람이 필요하다. 그리고 요즘은 외국인 노동자들이 이 역할을 하고 있다.
　어느 양식장에서 일하고 있는 두 청년의 고향이 베트남이라는 것을 알고 내가 인사를 했다. "신짜오!"
　예전 베트남 갔을 때 배운 인사말이다. 인사를 받은 두 청년은 두 눈을 커다랗게 뜨면서 활짝 웃었다. 머나먼 타지, 그것도 육지와 한참이나 떨어져 있는 섬에서 모국어로 인사를 받았으니 그 기분이 어땠을까는 웃는 얼굴에 충분히 드러났다.
　규모가 가장 큰 가두리 양식장이 있다. 낚시하러 종종 가는 곳이다. 주기적으로 사료를 주기에 가두리에는 물고기가 잘 모여든다. 크다 보니 외국인 노동자들이 다섯 명이나 있다. 네 명이 인도네시아 출신이다. 그 가두리 젊은 사장이 성실한 데다가 성품도 좋다. 약속한 임금을 제때 정확하게 지급하고 편의를 위해 애를 쓴다. 덕분에 그 다섯 명 표정은 다른 곳에서 일하는 외국인 노동자보다 밝았다.

젊은 사장은 이번에 그들 밥 먹는 식당을 바꾸었다. 저번 식당에서는 툭하면 밥상을 식당 밖 벤치에 차려 주곤 했단다. 냄새 난다고. 이번 식당에서는 그런 차별 없이 편안하게 방에서 먹는다. 나물 대신 육고기 좋아하는 식성에 맞춰 음식 배려도 해 준다. 민족과 상관없이 20대 초반이라는 게 다들 그렇잖은가.

회식할 때 그들은 주로 돼지갈비를 먹는다. 인도네시아는 이슬람 국가 아닌가. 돼지고기를 먹느냐고 내가 물었을 때 그들 중 리더인 싸리가 대답했다.

"돼지고기 안 먹습니다."

"그럼 이것은?"

"우리는 돼지갈비만 먹습니다."

이 친구만 캄보디아 출신이다. 서른네 살로 배를 잘 다루고 한국어를 유창하게 한다. 영어도 곧잘 해서 우리 기를 죽이기도 한다. 들어보니 고국에서 관광지 택시 기사를 했었다. 하지만 사장이 아무리 따뜻하게 배려한다고 해도 머나먼 거리가 주는 고통은 어쩔 수 없다.

한 달쯤 전 우딘, 이라는 새로운 친구가 왔다. 갓 스무 살인데 이미 결혼했고 막 태어난 갓난아이를 두고 왔단다. 이 젊은 친구, 어린 아내와 아이가 보고 싶어 툭하면 바다 멀리 바라보며 훌쩍인다. 그때마다 동료들이 달래기도 하고 놀리기도 한다. 싸리도 어렵게 얻은 아이가 유산되고 말아 한동안 울적하게 지냈다.

가고 싶어도 못 가고 보고 싶어도 못 보는 그 애달픈 심정은 낯선 게 아니다. 우리도 얼마 전까지 그랬다. 우리 세대까지(그러니까 내 친구들도) 스무 살 넘자마자 외국 선박의 하급 선원 노릇을 했다. 그때 받았던 설움과 낯선 곳에서의 고생담은 지금도 차고 넘친다.

나도 다르지 않다. 파리에서 한 달간 체류한 적이 있었는데 간혹 인종 차별을 받곤 했다. 대표적인 게 몽마르트르의 어느 선물용품 가게였다. 주인 노파는 나를 보자마자 고개를 휙 돌려 버렸다. 혐오라는 걸 한눈에 알 수 있었다. 거기에다, 벽에 걸린 것을 달라고 하자 쳐다보지도 않고 던져 주는 거 아닌가. 화가 난 나는 동전을 일부러 하나씩 던지면서 한국어로, 잡아먹을 듯이 또박또박 힘주어 말했다.

"이런 씨바, 할매, 지금 뭐 하는 짓이여, 내가 할매한테 이런 대접을 받아야 할 이유가 어딨어, 엉?"

그녀는 어쩌지 못하고 고개 돌린 상태로 그저 두 주먹 쥐고 부르르 떨었다. 아무런 짓도 안 했는데 생김새와 피부색 하나 때문에 당한 무시. 그 기분은 여태 남아 있어 떠올릴 때마다 불쾌해진다.

지금도 동남아시아 친구들을 깔보고 무시하는 한국 사람들을 종종 본다. 냄새난다고 벤치에 밥 차려 준 사람 같은. 그럴 때마다 그들을 몽마르트르 선물 가게 노파 앞에다 데려다 놓고 싶어진다. 한번 당해 봐야 그 기분 나쁜 감정이 얼마나 큰지 알게 될 테니까.

## 할아부지가 거기 있었네

부부가 섬에 들어온 건 넉 달 전이었다.

경기도 어름에서 이어 온 수도권 생활을 청산하고 오래도록 비어 있던 남편의 본가로 찾아 들어온 것이다. 그 집은 그들 최후의 보루였고 육지 생활 청산의 말 못 할 사정은 부부만의 비밀로 유지되었다. 마지막 카드를 꺼냈다는 것은 그때까지의 이런저런 시도가 실패로 돌아갔다는 것을 뜻했지만 여생을 자연과 함께 보내겠다는 핑계가 도움이 되었다.

이사 와서 처음 한 것은 사랑방의 도배였다. 장판도 새로 깔았다. 안방에는 차마 버리지 못하는, 장롱, 단수라고 불렀던 유리창 달린 서랍장, 동백나무 탁자 따위가 가득 들어 있어서 당장 치우기에 벅찼다.

남편 입장에서는 그 물건들에 대한 기억은 있으나 아름다운 추억까지는 아니었다. 그가 기억하는 집구석이란 늘 암울했다. 아버지는 무능했고 어머니는 비루했으니 그의 형제자매들도 다르지 못했다. 그가 중학교를 졸업하자마자 섬을 뜨면서 마음도 함께 떠난 이유였다. 부부가 좁은 사랑방에 살게 된 이유 중에는 남편이 탐탁지 않아 했던 집안 분위기가 안방의 물건들에 그대로 남아 있다는 게 들어 있었다.

한 달이 지나자 문제가 생겼다. 처음엔 심각한 것이 아니었다. 장판과 주변으로 습기가 차더니 하루가 다르게 영역을 넓혀 나갔고 곧바로 곰팡이가 피기 시작한 것이다. 시간이 갈수록 냄새도 심해졌다.

남편은 친구 가두리 양식장에 일을 나갔기 때문에 밤에만 맡아도 됐지만 아내는 진종일 그 냄새 속에서 시간을 보내야 했다. 부부는 다시 도배를 했다. 너무 오래 비워 놓은 탓이려니 했다. 그러나 상황은 똑같이 되풀이되었다. 한 달 뒤 또다시 도배를 한 것이다.

우리는 살면서 이런 생각을 종종 하게 된다. 도시 생활 버리고 고향으로 돌아왔으니 맑은 공기와 푸른 바다, 화사한 햇살을 보며 이제는 맘이라도 편하게 살겠군… 하지만 이렇듯 세상살이는 짐작과는 늘 다르게 흘러가기 마련이다.

도배 마치고 삼사 일이 지나면 다시 괴는 물기와 곰팡이를 보면서 남편은 속이 상했다. 제기랄, 그 고생하고 살다가 고향 집이라고 돌아왔으면 집안 귀신들이라도 우리를 감싸 줘야 하는 거 아닌가, 불만이 계속 이어졌다.

되풀이되는 방의 거부 때문에 그는 잠이 편안치 않았다. 꾸었다, 하면 귀신으로 분류해야 마땅할 것들이 나타나서 숨 가쁘게

깨었고, 호흡이 가라앉지 않아 다시 잠들기 어려웠다. 잠자리가 불편하니 아침이 개운하지 않았고 저녁 시간이 반갑지 않았다. 그것은 아내도 마찬가지였다. 부부는 공기 맑은 고향 땅에 돌아온 지 두어 달 만에 육지 몇 년 치만큼 늙어 버린 얼굴이 됐다.

주변에서 수맥을 말했다. 그도, 아내도 가장 먼저 떠오르는 게 그 단어이긴 했다. 그것 말고는 아는 게 없다는 게 더 맞는 말일 것이다. 집구석이 그동안 기운을 못 폈던 게 이것 때문인가 하는, 가계의 본질 같은 느낌마저 들었던 것이다. 하지만 그는 일부러 고개를 저었다.

코딱지만 한 섬 구석에 수맥이 있으면 얼마나 있겠는가, 항변했으며 설사 수맥이 흐른다 하더라도 가두리 창고에서 먹고 자는 동료나 몇 달씩 배에서만 사는 사람들도 있으니 그렇다면 수맥을 넘어 거대한 바닷물이 이불 아래에 있는 것인데 그것은 어떻게 설명할 것인가, 버럭, 하기도 했다.

부부가 서로의 얼굴에서 커다란 다크서클을 발견한 날 남편은 충동적으로 이불을 걷어냈고 장판까지 들어냈다. 역시나 그들이 몸을 눕혔던 곳에는 물기가 가득했다. 그는 콘크리트 바닥을 노려보다가, 세월이 흘러도 변하지 않은 집구석의 정체성에 대한 반감 때문에 곡괭이를 가져온 다음, 파묘하듯 내리찍었다.

조금은 우습게도 곡괭이질 한 번에 콘크리트 덩어리가 깨졌는데 두께가 몹시 얇았다. 콘크리트 아래에 또 다른, 몹시 오래된 장판이 있어서(그것은 더욱 축축했다) 남편은 자신을 괴롭히던 어떤 저주의 문을 열 듯 조심스럽게 그것을 걷어냈다. 그러자 오래된 스티로폼이 나타났다. 이런 경우, 한번 문을 열고 들어간 이상 도중에 돌아 나오지 못한다. 깊은 동굴처럼, 더 들어가면 안 될 것 같은 느낌을 이겨 내는, 호기심이라는 게 있었다. 끝까지 가 보자는 승부욕도.

스티로폼 아래 장판이 또 나왔다. 그는 갸우뚱했다. 직접 방을 만들어 본 적은 없지만 누가 뭐 한다고 이렇게 만든단 말인가. 손을 대자 투둑투둑, 장판은 부서지며 떨어졌다. 그리고 그 아래 뜻밖에 나무판이 하나 있었고 순간 썩은 냄새가 확 끼쳐 왔다. 그들을 괴롭히던 냄새의 근원이 그거로 보였다.

도대체 나무판이 여기에 왜 있지? 그는 체머리를 흔들며 일단 방을 빠져나왔다. 지금까지 걷어낸 것만으로도 사랑방은, 그러니까 그들의 잠자리는 엉망이 되어 있었다. 아내도 따라 나왔다. 푸른 하늘과 푸른 바다가 새삼스러울 정도였다.

"겁나요, 저 아래 뭐가 있는지."

남편도 같은 생각이었다. 썩은 나무판 아래 무어가 있을까. 그냥 맨바닥이면 나무판이 있을 리 없었다. 당장, 얼굴을 알 수 없는 시체가 최소한 하나는 들어 있을 것 같은 느낌. 그는 잠시, 예전 가족 중에 행방불명이 있는지 생각해 보았고 없다는 결론에 이르렀다. 하지만 시체가 있다면 꼭 가족이 아니어도 가능했다.

그리고 집안 무기력의 시작이 바로 거기라는 생각이 떠나질 않았다. 그는 누가 시키기라도 한 듯 몸을 돌려 사랑방으로 되돌아갔다. 다시 썩은 냄새와 습기가 코를 찔렀다. 그는 숨을 참아가며 썩은 나무판을 뜯어 들어냈다.

약간의 시간이 흐른 다음 일부분이 무너지며, 그의 눈 아래로 무언가 나타났다. 그것은 아주 작은 공간이었다. 방이 있었던 것이다.

그는 화생방 공격을 뚫고 적진으로 달려가는 병사처럼 그 아래로 내려섰다. 사람 하나 간신히 누울 수 있을 크기였고 신발을 덮을 정도로 물이 고여 있었다. 그 외는 아무것도 없었다. 오래 묵은 공기 외에는.

그날 밤, 그는 오랜만에 늙은 고모에게 전화를 걸었고 이런 대답을 듣게 됐다.

"거기 느 할애비가 여순사건 때 숨어 있던 곳이다."

그곳에 숨어 있던 할아버지는 끝내 발견되어 처단당했고 연좌에 걸린 가족의 암담하고 불편했던 과정이 뒤를 이었던 것이다. 그렇게 부부는 애써 외면하고 싶었던 가족사가 역사로 번져 나가는 지점에 서게 된 것이다.

## 포트, 포트!

외국 영화가 있다. 제목도 잊어버린 이 영화를 기억하는 것은 번역 때문이다. 배경은 거센 풍랑이 휘몰아치고 있는 바다 가운데 배 한 척. 파도가 조타실까지 솟구쳐 올라와 창문이 깨지고 선원들은 뒤로 나자빠지고 있었다. 금방이라도 침몰하게 될 절체절명의 순간. 선장이 항해사에게 외쳤다.

"Port, Port."

곧바로 한글 자막에는 이렇게 나왔다.

"항구로! 항구로!"

정말 이상하지 않은가. 풍랑에 휘말린 위급한 상황에서 선장의 지시라는 게 '항구로 가라'는 것이니 말이다. 나도 비슷한 상황에 빠진 적이 있다고 이야기했는데 그때의 바다는 죽음의 공포가 휘몰아치는 지옥 아수라장이었다. 가까스로 도착한 항구가 얼마나 고맙고 평온한 곳인지 모른다. 그러니 그런 상황에서 항구로 가고 싶지 않은 배가 어디 있겠는가. 이 선장의 지시가 옳다면 프로야구 시합에서 이런 경우도 가능하다. 감독이 말한다.

"오늘 작전은 칠 대 삼으로 역전승하는 것이다."

그리고 2루타를 쳐라, 삼구 삼진을 잡으라, 타자나 투수에게 사인을 보낸다고 쳐 보자. 역시 이상하다. 그렇다면 선장의 지시는 어떻게 된 것일까. 번역가가 선박 해양 용어를 전혀 몰랐던 것이다. 포트Port는 아시다시피 항구이다. 그런데 그 뜻만 있는 게 아니다.

포트는 선박에서 좌현을 뜻한다. 그러니까 선장은 배를 왼쪽으로 돌리라고 항해사에게 지시 내렸던 것. 그것을 모르니 '항구로!'라고 떠억 붙여 놓았던 것. 번역하면서 이상한 느낌이 들면 배를 좀 아는 사람에게 물어만 봤어도, 아니 사전만 찾아봤어도 이런 실수 안 했을 텐데. 삼면이 바다인 우리는 해양 강국, 이라는 홍보 문구가 무색해지고 지난 천 년 동안 대륙만 바라보고 살았던 역사가 그대로 드러난 듯도 해서 씁쓸했다.

조금 더 말해 보자면 우현은 스타보드Starboard라고 한다. 오래전 영국 어느 항구는 구조상 배를 좌현으로만 접안할 수 있었다. 그 시절엔 배에서 화재가 빈번했다. 밤에 화재가 발생하면 자다 깬 선원들이 좌우 구분을 못 해 허둥대다 죽곤 했다. 한 선장이 이렇게 말했다. 밤에 항구가 보이면 네가 있는 곳이 좌현, 그저 별이 빛나는 밤하늘만 보이면 우현이니 그렇게 판단하라… 선원 교육 받을 때 강사가 설명해 준, 그 단어의 어원이다.

아무튼 단어 하나 잘못 번역해서 절박한 상황이 우스꽝스럽게 변해 버린 촌극이었다. 반대로 번역이 얼마나 중요한가를 알려 주는 적절한 예이기도 하다. 번역의 중요성은 외국 책을 읽을 때마다 매번 느낀다.

기억나는 게 학생 시절 읽었던 사회과학 서적이다. 번역된 일본 서적을 또다시 재번역한 게 대부분이라서 얼마나 엉터리였는지 모른다. 오탈자는 말할 것도 없고 문맥도 서로 맞지 않아 이해를 포기하고 넘어간 경우가 여러 번이었다. 나는 수준이 낮은 사람이구나, 자괴감이 들기도 했다. 첨예한 시국 상황의 80년대였으니 급히 책을 만들어 내야 했기 때문에 그러기도 했겠지만 번역자의 오류를 크게 문제 삼지 않았던 시절이기도 했다.

작고하신 불문학자 황현산 선생께 듣기로 랭보의 시가 일본으로 갔다가 재번역되어 한국으로 오다 보니 원작과는 아주 동떨어진 작품이 되었는데 그게 그대로 한국 시인들에게 영감을 주었단다. 그걸 '랭보의 또 다른 승리'라고 한다고.

한국문학번역원과 프로그램을 진행하다가 내 책을 영어로 번역한 분이 궁금한 것을 물어 왔는데 이를테면 소설에 나오는 '한 행비 하다'의 뜻 같은 거였다. 설명하기가 쉽지 않았다. 번역아카데미 노어권 정규 과정 중에 러시아어로 번역하는 분들도 만났는데 질문들을 받고 보니 한 나라의 언어를 다른 나라의 언어로 바꾼다는 게 얼마나 어려운 건지 그 고충을 절감하게 되었다. 외국에서는 번역가의 위상이 유명 작가와 똑같다는 말을 들었는데 그렇지 못한 우리의 현실도 함께.

아, 한 행비 하다, 는 일부러 어디 어디 들르기 위해 출타하다,

는 뜻 정도이다. 사전에는 안 나오는, 예전 입말의 한 종류이다. 그럼, 입말은 또 뭔가. 이건 사전에 나온다.

　입말 : 글로써 쓰지 않고 사람 사이에 주고받는 말.

## 고마움과 관련된 몇 가지 사례

*

 섬으로 돌아와서 맨 처음 얻은 집이 고개 너머 외따로 떨어진 흉가였다. 오랫동안 비어 있던 집으로, 주민들이 그곳에서 보았다는 귀신의 종류만도 열 가지가 넘었다. 뒤로 공동묘지가 있어서 더욱 그랬다.

 그곳에서 적막과 맞대면하며 끙끙 앓았다. 영혼의 진화를 꿈꾸던 시기였으나 쓸쓸한 것은 어쩔 수 없었다. 겨울은 특히 혹독했다. 싸늘한 북서풍이 매 순간 목덜미를 파고들었고 아무리 시간을 보내도 깊은 밤이었다.

 그러다가 물 길러 마을로 내려가면 죽어 버린 줄 알았다며 할머니는 혀를 차셨다. 그때 차려 주던 밥과 국, 겨울 바다에서 뜯어 온 톳나물과 미역국. 아, 더운밥 차려 주는 손. 나는 김 오르는 밥상을 보다가 할머니의 북두갈고리 같은 손을 부여잡고 경배했다.

*

 친구들이 여럿 섬으로 찾아왔다. 그들은 자신들이 먹을 생선을 내가 당연히 낚아낼 거라 생각하고 있었다. 나는 갯바위에서 낚시를 시작했다(배가 없던 시절이다). 다섯 명을 만족시키려면 도대체 얼마를 더 낚아야 하는가, 적당한 크기 돌돔 하나 낚아 놓고서 나는 한숨을 내쉬었다. 낚시꾼으로서의 체면 이전에 생계의 문제였다.

그때 만만찮은 놈이 물었다. 나는 녀석과 씨름을 하며 애절하게 빌었다. 제발, 제발, 떨어지지 말아라. 마침내 낚아낸 놈은 45센티짜리 도미. 친구들은 역시, 이러면서 나의 실력을 치켜세웠고 나도 뭐 이 정도쯤이야, 하는 얼굴을 했다. 그러나 그들이 회를 씹고 있을 때 몰래 도미의 머리를 만지며 속으로 말했다.

'고맙다, 물어 주어서 정말 고맙다.'

\*

전해 내려오는 말에 의하면 지구에는 서른여섯 명의 정직한 인간이 살고 있다고 한다. '라미드 우프닉스Lamed Wufniks'라고 한다. 그들의 사명은 신神 앞에서 세상을 정당화하는 것이다. 그들은 몹시 가난하며 서로를 모른 채 살아가는데 심지어 자기가 그런 존재라는 것도 모른다. 깨닫는 순간 곧바로 죽는다. 그러면 지구 어디에선가 그것을 물려받은 아이가 태어나는데 이들이 없다면 신은 인간을 멸망시킨다고 한다.

『몽실 언니』의 작가 권정생 선생님이 계셨다. 손바닥만 한 집에서 평생 채소 키우고 사셨다. 낡은 고무신과 비료 포대를 잘라 만든 부채가 그분의 유산이다. 인세로 받은 적지 않은 돈은 북한 어린이들과 배고픈 아이들을 위해 모두 써 달라고 유언하셨다. 극도의 가난한 생활을 유지하며 세상 부조리와 야만을 질타하셨던 그분에게서 나는 진정한 무소유의 정신과 실천을 보았다. 오래 앓아 온 병환으로 가셨지만, 사실은 자신이 '라미드 우프닉스'라는 것을 알아차리고 마셨을 것이다. 그런 분 때문에 세상은 그나마 버텨 내는 중이다.

\*

딸아이에게 문자를 보냈다. '아빠를 만나 주어서 정말 고맙다.' 딸아이도 답장했다. '아빠도 나를 만나 주어서 정말 고마워.' 우리는 서로의 얼굴을 보면 무조건 웃는다. 싸울 일이 없다.

## 바다가 보이는 역驛

사람들이 호남선 종착지로 종종 착각하는 여수시는 전라선 끝에 있는 도시이다(호남선은 목포이다). 나는 여수 사람이라(거문도 행정구역상 여수시에 들어간다) 성장과 삶, 특히 떠나고 돌아왔던 이동의 시간을 자연스럽게 여수역과 함께 지내 왔다.

보통의 경우, 버스터미널이 이전을 하면 반기게 된다. 커지고 편해지는 것을 몸이 먼저 느끼니까. 그런데 역은 다르다. 한 도시 특징과 느낌의 집약이고 상징이 기차역이기 때문에 이전은 서운할 정도이다.

여수역은 엑스포 준비 기간 때 이전을 했다. 그전에는 지금 역에서 몇백 미터 시내 쪽에 있었다. 광장이 있고 오동도로 이어지는 좌측 길과 시내 복판으로 가는 맞은편, 검은 모래로 유명한 만성리 해수욕장 가는 오른쪽 길이 갈라졌다. 순대국밥과 튀김을 파는 시장도 있었다. 그리고 무엇보다 푸른 바다가 보였다. 멀리 남해도까지 훤했다(지금 역에서도 보이긴 한다). 그게 무어든 푸른 바다를 배경으로 하고 있으면 아름다워진다.

나는 역 바로 위에 있는 중학교엘 다녔는데 그곳에서는 더 잘 보였다. 내세울 것이 없어서 그랬기도 했지만 누군가 우리 학교 장점을 물어 오면 바다가 잘 보여요, 대답했다. 그러면 사람들은 이렇게 반응했다. "와우, 정말 좋겠다."

그래서 전라선 타고 온 사람들이 보기에는, 여행이나 가출이나, 또는 그 중간 형태이거나 할 때 여수는 막막하지 않다. 당장 바다를 향해 걸어갈 곳이 있다는 것은 미덕이다. 우리는 그곳에 바다가 있다는 이유 하나만으로 밤차에 몸을 싣는 종족이지 않은가.

바다가 어머니이며 진화의 출발점, 따위 소리는 하고 싶지 않다. 엄마와 가문, 심지어 성장까지도 싫어하는 족속들, 의외로 많으니까. 사람 마음속에는 늘 푸른 바닷물이 출렁거리고 있는 게 원인이다. 우리는 물의 행성 원주민들이기 때문이다. 바다를 보아야 가슴속에 짓눌려 있는 정신의 퇴적을 휘발시킬 수 있기 때문이다.

산은 맺게 하고 바다는 풀게 한다, 는 소리는 내가 자주 떠들고 다녔던 것이기는 하다. 그러기에 소설이나 영화에서 마무리 처리가 여의찮으면 바다로 가면서 끝나곤 한다. 바다로 간다는 것 하나만으로 여러 가지 부족한 점을 용서해 준다는 뜻이다.

가출이든 여행이든 여수에 도착한 그들은 일단 오동도부터 다녀온다. 그러는 사이 좀 지치기도 하고, 무언가 했다는 느낌도 들고, 그러기에 솟구쳤던 마음의 파장도 어느 정도 가라앉아 있기 마련이다. 이곳으로 오는 사람만이 그러는 것은 아니다.

내가 먼 타지로 떠날 때도 마찬가지였다. 역전 시장에서 순댓국 먹고 역 벤치에서 노닥거리다가, 그리고 마래터널 지나 만성리 바다가 나오고, 점점 멀어지는 장면을 차창 밖으로 보면서 구체적이고 본격적인 이별을 했다.

시간이 지나 항구로 돌아올 때도 푸른 바다를 보아야만 이곳의 기억이 되살아났다. 일을 했고, 하염없이 걸었고, 퍼질러 앉아 수평선을 바라보던 장면들. 여수 신항과 구항, 신월동 앞바다(그곳에서는 노을이 죽였지. 일 마치고 난 다음 그것을 바라보며 깡소주 마신 날이 얼마나 많았던가), 소나무가 멋진 우슬목(후배들과 낚시를 가곤 했지), 향일암이 있는 임포 바다(그곳은 깎아지른 절벽이 멋있지), 멀리 금오도의 이런저런 마을이(그곳들을 돌아다니며 패류 처리 현장을 개설했고) 떠올랐고 비로소 내가 돌아왔구나, 하는 마음이 들곤 했다.

사람이 이동할 때 더 이상 나아가지 못한다면 둘 중 하나와 맞닥뜨렸다는 소리이다. 국경 아니면 바다. 이곳 여수는 국경이 없는 대신 바다가 발길을 막는다. 이제는 수평선을 바라보며 살거나 되돌아가라는 소리이다. 그리하여 전라선 기차는 바다가 목적지이자 출발점이 된다. 내가 돌아왔듯 여행 또는 가출객은 다시 기차에 몸을 싣고 되돌아간다. 행보에 '끝'을 만나야 '다시 시작'을 선포할 수 있다. 그제, 어제 그랬던 것처럼 오늘도 기차는 내려오고 다시 올라간다.

## 마지못해

서울에서 대학 다니고 있던, 고등학교 때 친구 자취방을 찾아간 적이 있다. 마침 그의 고향인 전남 보성에서 부모님이 올라와 계셨다. 주로 삼 농사를 짓고 있던 그분들은 이렇게 아들 단칸방에 한 번씩 오시는 걸 큰 낙으로 삼고 계셨다. 아버님은 우리랑 같이 한잔하셨고 어머님도 이야기에 끼어들었다. 이야기가 무르익다 보니 남편에 대한 어머니의 푸념이 나왔다.

"농사를 져서 100원 벌었다고 치자. 그러믄 이 양반은 그것을 가만히 못 봐. 어떡해서든 까묵고 말지. 차라리 100원 홀랑 다 까묵어 버리면 나도 좋겠어. 세간살이 탕탕 조사 불고 씨언하게 나 살길 찾아가믄 되니께. 근디 이 양반은 꼭 20원을 냉겨 놔. 기가 막히게도 그 돈은 절대 안 써. 그것 때문에 내가 마지못해 살어. 그래서 지금까지 온 거여, 사람이 마지못해 살 수밖에 없게 귀신같이 맞춰 논다니께."

우리와 아버님은 웃었는데 어머님은 화제가 다른 것으로 옮겨 가고서도 한참 뒤에야 비로소 웃으셨다.

고등학생 때의 한창훈.

20대 중반, 나는 여수 바닷가에서 패류 가공 처리 일을 했다. 주로 홍합이었는데 양식장에서 사다가 씻고 삶고 깐 다음 어떤 수산 회사에 납품하는 구조였다. 그 회사 부장이 수시로 들러 가공 상태를 살펴본 다음 단가를 조정하곤 했다. 여러 달 지나자 우리를 대하는 수산 회사의 기준과 판단이 눈에 들어왔다.

그들은 원재료 가격과 작업 비용을 훤히 읽고 있었다. 그들이 우리에게 준 대금은 많이 벌리지는 않지만 포기하기는 아까운, 마지못해 열심히 일할 수밖에 없는 마지노선이었다. 그 덕에 나는 바닷물에 젖어 가며 일을 계속해야 했고 그들은 납품받은 우리 물건을 더 큰 회사에 보내기만 하면 됐다.

나는 동년배 중에서 키가 큰 편이다. KTX를 탈 때마다 곤란을 겪는다. 의자가 작고 좁아 불편한 것이다. 더 작아 버리면 아예 포기할 텐데 역시나 마지못해 탈 수밖에 없는 그 마지막 지점에

의자 크기를 맞추어 놓은 것으로 보였다.

왜 이렇게 좁게 만들었냐고 항의 조로 직원에게 물어본 적이 있다.

"의자를 하나라도 늘려서 더 많은 분들이 타고 다니시면 좋잖아요"

이게 대답이었다. 직원인들 무슨 죄가 있겠는가. 회사 측에서 그렇게 대답하라고 교육했을 것이다. 엊그제 KTX 타고 서울 가는데 그 얄미운 대답이 새삼 떠올랐다. 약간의 불편을 참아 더 많은 사람의 편의를 도모하자는 것에는 반대 의향 없다. 다만, 그게 진심이 아니라는 것을 알고 있다는 게 문제다.

'을'의 처지와 상황을 정확하게 읽어내고 써먹는 '갑'의 모습은 시간이 흐를수록 더욱 교묘하고 견고해져 갔다. 최저 임금이 그렇고 턱도 없는 수습이나 인턴제가 그렇고 십일 개월로 계약하는 비정규직이 그렇다. 마지못해 그거라도 하게 만든다. 기생충은 숙주의 영양분을 빨아먹고 산다. 그러나 너무 빨아먹으면 숙주가 죽어 버리기에 결코 어떤 선을 넘지 않는다. 그러니까 우리는 '마지못해 공화국'에서 마지못해 살고 있는 것이다. 마지못해 사는 인생에서 행복의 징조를 찾을 수 있을까.

## 지나가기가 겁나 거시기합니다

　루이스 터커Louise Tucker라는 영국 가수가 있다. 영국 길드홀 음악원 출신으로 팝페라 1세대에 속한다. 베토벤 피아노 소나타 〈비창〉 제2악장의 멜로디에 가사를 얹은 〈Midnight Blue〉는 웬만한 사람들은 들어봤을 것이다. 이 노래가 한참 유행하던 80년대 초 어떤 잡지에서 그녀의 인터뷰를 읽었다. 앞으로의 계획은 어떤가, 기자가 빤한 마지막 질문을 했다. 그녀는 이렇게 대답했다.

　"나이가 들면 고향 브리스톨의 작은 마을로 돌아갈 것이다. 그곳에서 길모퉁이의 카페에 앉아 지나가는 마을 사람들을 하루 종일 구경하면서 살 것이다."

　지금 그녀가 그렇게 하고 있는지는 모르겠지만 정작 나는 날마다 그것을 하고 있다. 내 단골 자리인 거문슈퍼의 작은 평상.

　거의 날마다 가서 한참 동안 그곳에 앉아 있곤 한다. 거문슈퍼 주방에서 커피를 타 먹으니 커피값도 안 든다. 오래 앉아 있으면 드링크를 하나 주기도 한다.

오후가 되면 이렇게 거문슈퍼 앞에 자주 앉아 있다.

사람들이 한 명씩 지나간다. 이장도, 부녀회장도, 먼 친척 아주머니도, 중학생도, 어부도, 한전 직원도, 해군 수병도 지나간다. 면서기도, 초등학생도, 보건진료소 간호사도, 우체국 집배원도, 비슷한 등산복으로 통일한 단체 관광객도 지나간다. 말을 걸기도 하고 나에게 다가오기도 한다.

그렇게 있다 보면 마을에 어떤 일이 있었는지 훤히 알게 된다. 세상이 딱 이 정도 속도로만 돌아가면 좋겠다는 생각도 든다. 그렇지만 모두 다 좋기는 어려운 모양이다. 나의 즐거움이 누군가에게는 괴로움이 되는 경우가 간혹 있잖은가.

문제는 아는 얼굴들이 하나둘 모여들었을 때 일어난다. 너댓 명 나란히 앉아는 있는데 대화에 별다른 내용 없다 보니 지나가는 사람들을 유심히 바라보게 된다.

"그렇게들 앉아 있으니께 지나가기가 겁나 거시기해요."

이렇게 말하는 아낙이 있었다. 옳은 말씀이다. 내가 마을로 가려면 해수욕장을 지나가야 한다. 종종 공공근로 하시는 분들이 쉬고 있다가 나를 빤히 바라본다. 내 움직임에 따라 고개의 각도가 일제히 변한다. 거문슈퍼 앞에서는 우리가 그렇게 한다. 누군가가 나를 바라보는 것은 괴롭다. 그런데 내가 누군가를 바라보는 것은 재미있다. 그 딜레마 속에서 나는 날마다 갈등하고 있다. 참으로 쉽지 않은 남 바라보기이다.

# 풍어제

 오래된 유머 중에 이런 거 있다. 바늘로 코끼리 죽이는 법 세 가지. 하나, 죽을 때까지 찌른다. 둘, 한번 찌르고 나서 죽기를 기다린다. 셋, 기다렸다가 죽기 직전에 찌른다.
 섬에서 하는 풍어제는 첫 번째 방법을 쓴다. 고기 많이 잡게 해 달라고 용왕님한테 제祭를 올리는 거라서 용왕제라고도 하는데 해마다 5월이면 빠뜨리지 않고 해 오고 있다. 많이 잡히면 많이 잡혀서, 어장이 신통찮았으면 발복 축원 심정으로, 어중간하면 또 그런대로 착실하게 도장을 찍어 왔다.
 잘되면 내 덕, 못되면 귀신 탓이 이곳에서도 유용하기 때문이다. 생선이 많이 잡히면 내가 기술이 좋아서, 안 잡히면 용왕이 심술을 부렸거나 아니면 직무 유기의 게으름에 빠졌기 때문에 그렇다고, 우선 나부터 중얼거리고 다닌다.
 올해도 어김없이 풍어제가 열렸다. 지난 몇 년간 어장이 시원찮았으므로 심각한 표정으로 치러졌다. 어떤 마음으로 하든지 이거 한번 볼 만하다. 우선 마을의 웬만한 배는 모두 화려한 만

풍어제의 하이라이트 풍경.

선기로 단장을 한다. 만국기를 다는 배도 있다. 제사 지낸 다음 배가 제관 일행을 싣고 출발하면 매귀굿을 할 매구꾼(요즘 말로 풍물패)이 탄 배가 그다음, 그리고 치장을 한 마을 배들이 우당탕탕 뒤를 따라간다. 숫제 전투라도 치르러 나가는 기세다.

바다 한가운데서 한 번 더 제를 올린 다음 제물과 돈을 실은 자그마한 떼배를 띄어 놓는 게 하이라이트다. 모든 배들이 떼배를 중심으로 시합하듯 빙글빙글 돈다. 도는 횟수만큼 만선滿船이 보장되는 듯 말이다. 그러는 동안 매구꾼들은 왁자하니 풍물을 친다. 거문도 뱃노래도 부른다.

이 정도로 한바탕 바다를 뒤흔들어 놓으면 용왕도 부담스러워 뭘 안 하지는 못할 것이다. 이미 받을 준비를 하는 사람들에게는 차마 모른 척할 수 없는 법 아닌가.

ⓒ김무환

　용왕제가 끝나고 며칠이 흘렀다. 한 끼 잘 차려 먹인 게 효과가 있는가 보려 친구들과 볼락 낚시를 갔다. 후쿠시마 오염수 방류 이후 걱정을 자주 하지만 안 먹을 수는 없어서 나간 것이다.
　배를 몰고 방파제, 갯바위 이곳저곳을 싸돌아다녔는데도 전혀 재미를 보지 못했다. 아무래도 용왕이 단단히 틀어졌거나 이제는 눈치가 트여 젯밥 정도로는 양이 안 차는 모양이라고 밤 깊어 돌아오면서 우리는 수군거렸다. 아니면 방사능 때문에 죽어 버렸는지도.
　그러면 우리가 할 일은? 안 물어도 계속 낚시채비를 던지는 것처럼 또 풍어제 올리는 것이다. 돌아오는 5월에 또 한다. 될 때까지 한다. 그거 외에는 방법이 없다.

## 갈치가 안 나부러서

은빛바다축제도 열렸다. 거문도에서 해마다 7월 말에서 8월 초 정도에 열리는 행사이다. 종류의 다양성과 횟수로만 보면 우리나라는 축제 천국이나 마찬가지이다. 별의별 축제가 다 있으니까. 그러니 이 작은 면 단위에서도 이렇게 열리고 있는 것이다.

원래는 은빛갈치축제였다. 거문도는 은갈치 주산지이다. 어장은 주로 거문도와 제주의 중간 정도에서 형성이 된다(상황에 따라 제주도 아래나 대한해협 같은 곳으로 잡으러 가기도 한다). 그런데 2회 축제 때 갈치가 잡히지 않았다. 갈치가 안 나 버리면 함평나비축제에 나비가 없는 거나 마찬가지다. 어쩔 수 없이 3회 때부터 은빛바다축제로 바뀌었다. 갈치보다는 갈치 잡는 밤바다의 밝은 불빛, 그러니까 배들이 집어등 켜 놓고 있는 풍경으로 포인트를 옮긴 것이다.

이거 볼 만은 하다. 한여름 바다 위에 십수 척의 갈치잡이 배가 떠 있는 것만으로도 도시 하나가 생긴 것 같으니까. 보름 전후는 달빛이 밝아 집어가 용이치 않다. 그때는 월명月明이라 해서

ⓒ김무환

바닥 외벽에 붙은 잡물을 청소하기 위해 '우리 배 쑨티호'를 올리고 있다. 예전에는 이런 작업을 '연회한다'라고 했다.

쉰다. 이곳 발음으로는 '월맹'이다. 그러니 달빛 없는 때가 최고 적기이다. 칠흑 같은 어둠 때문에 더욱 빛나는 은빛 불빛들.

집어등은 멸치를 꾀기 위한 용도이다. 그러면 멸치를 따라 갈치들이 모인다. 갈치뿐만이 아니다. 오징어, 한치, 복어, 어떤 때는 상어와 장어도 문다. 최근에는 수온의 영향으로 청새치나 만새기, 어린 참치도 문다.

그래서 한동안 유람선 타고 밤바다로 나가곤 했다. 은빛 밤바다 풍경은 관광객들은 물론 이곳 주민들에게도 좀처럼 보기 어려운 대상이라 사람들의 감탄이 멈추지 않았다. 이상하게도 우리는 야경에 껌벅 죽는 경향이 있다. 서울의 야경이 아름다운 것은 다들 야근하고 있기 때문이라는 말이 있다. 핵심을 찌른 소리이다.

이 근사한 은빛 바다도 마찬가지다. 보고 있으면 멋지지만 배에서 일하는 선원들은 이만저만 고생스러운 게 아니기 때문에. 파도에 시달리고 밤 내내 계속되는 작업에 지친다. 집어등 열기도 강해서 머리가 벗겨질 지경이다. 그래서 모자와 천으로 상체를 완전히 가려야 한다.

갈치를 잡다 보면 손에 상처 또한 자주 생긴다. 매단 바늘이 워낙 많아서 그렇고 갈치 이빨도 날카롭기 그지없다. 보통의 경우 소독하고 밴드를 붙이지만 여기서는 그 방법 안 통한다. 약 바를 여유도 없을뿐더러, 약이나 밴드 모두 젖은 손에서 버티지를 못한다.

그때 쓰는 방법이 순간접착제이다. 비닐이나 신발, 플라스틱 같은 것을 접합할 때 쓰는 것 말이다. 순간접착제를 상처에 바르면 지혈이 빨리 된다. 나도 낚시하다가 다치면 종종 쓰는 방법인데 신경이 죽은 듯한 느낌이 아주 고약하다. 이 모든 게 아름다운 풍경 속의 현실이다. 밝은 불빛에 가려진 장면들 말이다.

그래도 갈치가 잡혀만 준다면 이 축제는 즐길 만하다. 잡은 사람은 돈을 벌고 구경하는 사람은 즐거운 데다가 싱싱한 갈치를 바로 먹을 수 있으니까. 사람에 따라 생선에 대한 선호도가 분명해서 고등어나 꽃게를 전혀 못 먹는 사람도 있는데 갈치만큼은 싫어하는 사람을 못 봤다.

그런데 요즘도 갈치가 도통 나지 않는다. 먼저 기름값이 올라 출어를 포기하는 배들이 생겨났다. 최근 제주도 인근에서 조금 나서 우리 섬에 최후로 남아 있는 갈치 배 두 척 중 한 척은 그쪽으로 옮겨 갔다. 잡으면 제주 쪽 수협 어판장에 넘긴다.

덕분에 거문도는 아직 갈치 구경 못 한다. 그런데도 은빛바다 축제는 열린 것이다. 갈치도 없고 야경도 없는데. 대신 이름 생소한 가수들이 오고(마철호는 왜 못 오는 걸까) 새로운 술집이 문을 열고 행운권 추첨을 하고 노래자랑을 했다. 불꽃놀이도 잠시 하고. 뭐 그게 대한민국 축제의 일반적인 모습이기는 하다.

사흘 동안 그랬다. 축제장과 한참 떨어진 내 집에 그저 노랫소리만 쉬지 않고 들렸다. 그나마 다행인 것은 반달이 떠서 잠시 밤바다에 은빛이 돌았다는 것이다.

## 동도 아그들이 왔네

동도와 이어지는 거문대교가 만들어지기 전 이야기로 아그들은 아이들이라는 소리이다.

말했듯이 거문도는 서도, 고도, 동도 이렇게 세 개의 섬으로 나뉘어 있다. 그래서 옛 이름이 삼도였다. 자식 따라 육지로 이사 간 노인들은 지금도 남쪽으로 눈길을 보내면서 '오메 오메, 내 삼도야!' 소리를 한 번씩 하신단다.

같은 부모를 가진 형제들도 팔자가 제각각이듯 이곳 섬도 마찬가지였다. 외따로 떨어진 동도가 그렇다. 서도와 고도는 다리가 놓여 있고 여객선이 고도에 닿기 때문에 여러모로 편리하지만 동도는 그렇지 못했다. 서도와 동도를 잇는 거문대교가 완공되기 전까지는 오랫동안 불편하게 지내야 했다.

면사무소에서 행정 관련 일을 처리하거나 우체국과 수협, 농협 같은 금융권 일을 보기 위해서, 석유나 수도 파이프 따위를 사거나 하다못해 번듯한 식당에서 밥 한 끼 먹으래도 배를 몰고 고도로 와야 했다. 그래서 동도는 정말 섬 같은 느낌을 주었다.

그곳 미취학 어린이 네 명이 거문초등학교 병설 유치원에 다니기 위해 배를 타고 왔다. 처음 있는 일이었다. 본교인 거문초등학교에만 병설 유치원이 있는 데다 우리 아이들도 유아 교육을 받게 하고 싶다는 학부모의 희망이 통했기 때문이다. 섬은 아이들이 귀한 곳이라 병아리 같은 애들이 올망졸망 찾아오는 모습 자체가 사람들 사이에서 화젯거리가 되었다.

보는 사람마다

"오메, 동도 아그들이 왔네."

"오메, 내 천금아."

웃으면서 말을 했다. 귀여운 아이들을 보는 것만으로도 즐거운 상황이니까.

육지의 아이들이 유치원 차를 탈 때 주의 사항 듣듯 이 애들도 통학선 탈 때 구명동의 입기, 뛰어다니지 말고 벽에 기대어 잘 앉아 있기, 아무거나 만지지 않기, 같은 주의 사항을 들었다. 하지만 중학교 통학선을 얻어 타는 처지라서 일정이 맞지 않거나 파도가 높으면 집에 있어야 했다.

고도의 거문리는 거문도에서는 번화가이다. 아이들 눈에 신기한 게 많을 것이다. 나도 어렸을 때 그랬으니까. 인솔자 한 명에 아이들 넷이니 통제가 될 리 없다. 배에서 내리자마자 토끼 새끼처럼 뛰어다녀 인솔자가 쩔쩔맸다. 하나 잡아 오면 조금 전에 잡아 온 아이가 사라져 버린 것이다.

"둘은 두 손으로 꼭 잡고 남은 두 애를 앞에 세우고 걸으시오.

그래야 어디로 뛰어가는지 알 수가 있지."

그예 주민들이 한마디씩 거들기도 했다.

병설 유치원에서 이 아이들을 가르치고 있는 교사를 만났다. 그분이 말하기를, 엉덩이 흔들기 춤을 추는데 동도 아이들은 아주 어색해하더란다. 그중 한 아이는 이런 대답도 했단다.

"부끄럽게 어떻게 엉덩이를 그렇게 흔들어요?"

## 길 6 — 울릉도 가는 길

 남해 먼 곳에 있는 거문도 사람들이 동해 끝 울릉도엘 다녔다면 믿겠는가. 그것도 작은 거룻배에 돛 달고, 한쪽에 쇠판이나 돌을 깔아 아궁이 만들어 밥해 먹으면서 말이다. 갑판(이라고 해봤자 원룸 고시원 정도 공간)에 얼기설기 지붕 만들어 잠을 자면서. 삼촌 조카들끼리 팀을 짜서(사고를 대비해 아버지와 아들은 함께 타지 않았다).
 여기서 울릉도는 멀다. 멀어도 정말 멀다. 그 먼 길을 오로지 돛과 노 하나에 의지해서 다녔다. 걸리는 기간은 두 달. 이틀이 아닌 두 달. 그러니까 육십 일 동안 그 좁은 배에 목숨을 붙이고 항해를 한 것이다(물론 더 빨리 갈 때도 있었다). 거문도에서 부산까지는 지문 항해. 섬과 육지의 지형지물을 보면서 간다. 부산 지나면 망망대해. 울릉도를 향해 가야 하니 육지는 순식간에 멀어져 버린다.
 휴대폰 없다. 무전기도 없다. 편지도 못 보내고 못 받는다. 레이더도 당연히 없었다. 그저 열 발자국도 안 되는 나무 판때기 위에서 생활하며 북쪽으로 북쪽으로… 지표로 삼을 섬이 없으니 오로지 별을 보면서 간다. 천측 항해이다. 낮에는 해류와 조류를 계산하면서, 거기에 물색이 변하는 미묘한 차이를 읽어 내면서 가고 또 갔다. 지겨움을 이야기할 상황이 아니다. 이건 목숨을 걸고 하는 짓이다. 울릉도 도착하여 두 달. 그리고 돌아오는 데 두 달. 이 행보는 반년짜리였다. 얼마나 많은 바람이 불었을까. 얼마나 많은 파도가 쳤을까.

나는 인도양 한복판에서 물색에 반한 적이 있다. 펜글씨를 쓰던 중학생 시절, 잉크는 두 가지가 있었다. 검정색과 남색. 그곳 바다는 그 남색 잉크와 비슷했다. 화가가 알려 주기를 그 색깔을 울트라마린이라고 했다. 보통 수심 3천 미터 이상이어야 나타난다. 인도양은 평균 4천 미터 정도이다.

울릉도 가는 여객선에서 그 색깔을 본 적이 있다. 수심 1천 미터 넘어가자 얼핏 나타났고(동해안 평균 수심이 1,700미터란다) 비교적 분명하게 보이는 곳도 있었다. 밤하늘 별, 해류, 조류 외에도 물 색깔도 위치를 파악하는 데 도움이 되지 않았을까, 하는 게 내 짐작이다.

여기서 잠깐. 항해와 관련하여 인간의 감각이 어느 정도까지 발전할까.

바다에서 가장 두려운 것은 안개다. 요즘 웬만한 선박은 지피에스를 갖추고 있다. 큰 배들은 레이더도 가지고 있다. 그러니 주변의 지도와 자신의 위치를 파악하는 데 아무 어려움이 없다. 그런데도 안개가 자욱한 날은 항해를 하지 않는다. 겁나기 때문.

배를 몰고 가다가 안개가 주변을 감싸면 일 분도 안 돼 동서남북 방향을 잃는다. 나도 여러 번 경험해 본 것이다. 아무리 머리를 짜내도 내 짐작과는 전혀 다른 곳으로 배를 몰고 가게 된다.

예전 사람은 어땠을까. 조각배를 타고 섬 뒤편으로 낚시 간 노인이 있었다. 순간 안개가 덮쳤다. 이야기했듯이 방향 감각이 순식간에 없어진다. 이 노인은 먼저 물때와 시간을 확인했다. 이를테면 여섯 물이고 그날의 간조 만조 시간을 떠올려 본 다음 지금 물때 시간이면 거문도 주변 바닷물이 어느 쪽으로 흐른다는 것을 기억해 낸다. 그다음 미세하게 배가 흘러가는 방향을 살펴보고 거문도 있는 방향을 찍어 냈다. 거의 맞았다.

그 정도 능력자들은 히끼(바다 야광충 무리)를 살펴보고는 그 아래 어떤 물고기들이 얼마나 있는지도 가늠해 냈다. 내 눈에는 보이지도 않을 정도인데 아주 미세하게 반짝이는 것을 보고 말이다. 대대로 유전 인자를 받아 내려온 데다가 어렸을 때부터의 경험이 축적된 감각들.

그러나 이제는 바보가 되어 버렸다. 다들 기계에 의존하기 때문에 그런 감각을 키울 필요가 없는 것이다. 지피에스에 의존한 자동차 운전도 마찬가지다. 그게 고장 나면 꼼짝 못 한다. 방향 짐작도 못 한다. 그래 놓고 자신은 길치라고 말한다.

나는 간다 나는 간다 에이야아 술비야
울릉도로 나는 간다 에이야아 술비야
이제 가면 언제 오나 에이야아 술비야
오도록만 기다리소 에이야아 술비야

울릉도를 가서 보면 에이야아 술비야
좋은 나무 탐진 미역 에이야아 술비야
구석구석 가득 찼네 에이야아 술비야

울고 간다 울릉도야 어기영차 배질이야
앓고 간다 아랫녘아 에헤헤헤 술비야
(부분 생략)

　세 사람이 얼레를 돌리고 맞은편에서는 여러 사람이 칡과 새끼줄을 길게 연결한 다음 그것들을 꼬며 부르는 거문도 뱃노래 중 하나이다. 나도 어렸을 때 들었던 것으로 이렇게 거문도 뱃노래에는 수시로 울릉도가 나온다.
　그 먼 곳까지 간 이유는? 첫째가 크고 좋은 나무를 구하기 위해서였다. 거문도처럼 남쪽 따뜻한 곳의 나무는 무르기 마련이다. 그나마 닥치는 대로 베어 불을 땠기 때문에 나무 자체가 부족했다. 대신 울릉도는 울울창창 좋은 나무들이 많았던 것, 그 나무로 배를 짓고 싣고 와 집도 지었다.

두 번째는 강치 기름이다. 그들은 독도까지 다니면서 강치를 잡았다는데 기름이 워낙 고가라서 안 잡기는 어려웠을 것이다. 해양 동물에 대한 개념이 지금과는 달랐던 시절이었으니까.

그리고 송진. 멸치를 잡으려면 집어등을 켜야 한다. 당시는 송진 횃불을 썼다. 그 송진을 구하기 위해서라도 간 것이다. 갈 때 가까이는 녹동 장흥, 멀리로는 군산까지 가서 쌀을 구해 갔기 때문에 울릉도 사람들은 거문도 배를 기다렸다.

울릉도에서 나무와 강치 기름, 송진, 미역 등을 채취하느라 두 달, 그리고 돌아오는 데 두 달. 이렇게 반년짜리 항해. 한 번쯤 해 보고 싶었던, 지금은 사라져 버린 멋진 항해.

## 터졌어?

비참한 시절의 전염병처럼 은밀하면서도 확산이 빠른 소문이 간혹 있다. 그 소문을 들으면 일단은 탄식하고 애석해하지만 속으로는 몸이 근질거리고 무언가 기대가 되는 그런 고약한 상황이 된다. 누구네 가두리 양식장 그물이 터졌다는 소문이 그것이다.

이번에도 그 소문이 돌았다. 이 년 동안 애써 키운 우럭이 모두 빠져나가 버렸다는 것. 오백 그램 크기로 대략 1억 원어치. 간혹 있는 일이다. 오백 그램이면 이제 출하 시기가 되었다는 뜻이다. 육지 횟집에서는 생선회를 1킬로그램 단위로 판다는 것은 다들 아실 것이다.

개나 고양이라면 이름이라도 불러 보겠지만 그럴 수도 없고, 이 년간 먹이고 재웠지만 물고기 입장에서는 사람을 주인이라고 생각도 안 할 것이니 빠져나가 버린 우럭은 그야말로 돌아오지 않는 화살이 되어 버린다. 그 상실감과 허전함은 짐작이 어렵지 않다. 아니, 똑같은 일을 당해 보기 전까지는 짐작이 쉽지 않다는 게 더 맞는 말일 것이다.

문제가 그것이다.

양식 물고기는 멀리 가지도 않고 어떤 먹이도 의심 없이 잘 먹기에 낚기가 쉽다. 이곳에는 이런 경우 '한 사람의 불행이 만인의 행복'이라는 비정하면서도 현실적인 관용구가 있다. 그래서 쉽게 낚을 수 있다는 기대감과 쪽박을 차게 된 주인에 대한 미안함, 그 두 가지가 맹렬히 싸우게 된다.

나도 그랬다. 더군다나 그 가두리 주인은 하필 친구였다. 아, 괴로웠다. 듬직한 덩치, 과묵한 데다 웃을 때 눈이 초승달처럼 변하는, 사람들 부탁을 잘 들어주는 그런 사람 한 명 정도는 누구나 주위에 있기 마련이다. 이 친구가 딱 그런 존재였다.

내 마음속 갈등과 고뇌는 깊어질 수밖에 없었다. 커다란 우럭을 쿨러 가득 낚아 오는 사람들을 볼 때마다 부러운 마음이 들면서도 혼자서 우울하게 앉아 있을 친구가 떠올랐기 때문이다.

결론을 말하자면 낚으러 가긴 갔다. 운이 없었던지, 최소한 사람 노릇은 하라는 소리인지, 딱 한 마리 낚고 돌아왔다. 스스로 멈춘 게 아니라 더 이상 안 물어서 왔다. 며칠 뒤 술집에서 그 친구를 우연히 만났다.

"이야기 들었어."

내가 말하자 그 친구는 예의 순한 눈웃음을 지으며 고개를 끄덕였다. 그래서 사실 나도 한 마리 낚아 먹었다는 말이 차마 안 나왔다.

## 하, 안개가 소리도 없이…

김승옥 선생의 「무진기행」을 보면 안개가 무진의 특산품이라고 나온다. 그 작품을 처음 읽었을 때 기상 현상도 한 지역의 특산품이 될 수 있다는 발상이 인상적이었다. 오뉴월 거문도 특산품도 갈치나 삼치 소라가 아닌 안개이다. 굽거나 삶을 수 없고 포장해서 팔기는 더욱 어렵다는 치명적인 약점이 있기는 하지만 말이다.

이 시기는 남동계절풍의 계절. 아침이고 저녁이고 젖은 공기가 꾸물꾸물 밀려온다. 선생의 표현대로 점령군처럼 온다. 여차하면 섬을 덮어 버려 분간이 어렵다. 흐려지는가 싶더니 맞은편 마을이 순식간에 안개 속으로 사라져 버린다. 그러면 그곳에 살던 사람들과 건물이 모두 없어져 버린 느낌이 든다. 나 혼자만 남은 채.

안개가 끼면 불편한 것 많다. 우선 습기. 내가 사는 집은 바로 옆이 도랑이어서 숫제 물속에 들어앉은 것만 같다. 방바닥을 아무리 닦아도 발자국이 생기고 벽지도 축축하다. 돌아서면 벽과

옷에 곰팡이가 피어 있다. 세상엔 어쩌자고 곰팡이까지 있을까. 하지만 벽을 닦아 내다 보면 곰팡이가 하는 소리가 들린다. 세상엔 어쩌자고 사람까지 있을까.

빨래를 한들 마를 것이며 간신히 말랐다 한들 뽀송뽀송할 것인가. 누군가가 우뭇가사리를 주워 담 위에 말려 두었는데 다시 살아나 바다로 들어가려고 한다. 안개가 짙으면 등대의 무적霧笛 소리도 들린다. 지나가는 배에게 위치를 알려 주기 위해 주기적으로 기적 소리를 내는 것이다.

세상은 물로 만들어졌다는 게 이해되는 순간이다. 바다에서는 시야 확보의 어려움 때문에, 집 안에서는 습기 때문에 쩔쩔맨다. 첨단 장비를 갖추고도 툭하면 여객선이 통제되는 것만 봐도 그렇다. 그러니 이 시기에 바다로 여행하시려는 분들은 주의해야 한다. 장마가 끝날 때까지 그렇다. 대신 바닷가를 걷다가 나를 제외한 모든 것이 시야에서 홀연히 사라지는 장면을 경험할 수 있다.

"하, 안개가 소리도 없이!"

이 시기가 되면 새벽에 현관문 연 할머니가 종종 하셨던 말이다.

## 겁나게 착한 양반이여

어떤 할아버지가 돌아가셨다. 음식을 마련한 노인정 동료분들이 같이 먹자고 전화했는데 받지 않았다. 찾아가 보니 이미 돌아가신 뒤였다.

거문슈퍼 앞 평상에서 여러 번 뵌 분이다. 허리 구부린 채 다가와서 담배를 사고는 내 옆에 잠시 앉았다가 허위허위 걸어가시곤 했다. 키가 크고 눈매가 선한 인상이었다. 혼자 사신다고 들었다.

며칠 전 마을 아주머니 두 분이 할아버지 집 청소를 해 주었다. 하루 종일 걸렸고 묵은 쓰레기들이 잔뜩 나왔다. 이제는 좀 쾌적하게 지내시겠다고 우리는 말을 나누었다. 다음 날에는 노인정에서 화투도 치셨단다. 그러다가 이렇게 문득 돌아가셔 버린 것이다.

독거노인의 사망은 경찰의 수사를 거쳐야 한다. 다음 날 오전 배로 과학수사반이 들어올 때까지 그 집은 출입 통제되었다. 동료 노인들은 손도 못 만져 보고, 눈인사도 못 한 채 그저 골목 입구 거문반점 앞 탁자에 모여앉아 시간을 보냈다.

공교롭게도 집 청소를 해 준 두 아주머니만 파출소에 끌려가 조사를 받아야 했다. 이러다가는 노력 봉사도 못 해 줄 판이라는 탄식도 나왔고 절차이니 어쩔 수 없는 일이라는 의견도 나왔다. 우리가 좀 더 자주 들여다보아야 했는데, 하는 자책은 여러 사람 입에서 흘러나왔다.

"겁나게 착한 양반이었는디."

사람마다 이 소리를 했다.

다른 사람에게 나쁜 말 한마디 한 적 없는 사람. 그분에 대한 주민들의 공통된 증언이다. 착한 사람이 세상을 뜨면 슬퍼진다. 하지만 '착한 것은 모두 일찍 스러진다'는 이면우 시인의 시구를 떠올려 보면 여든 가까이 살아 주신 게 고맙다. 세상에 착한 이가 많으면 좋으니까. 그런데 세상이 흘러갈수록 착한 사람의 숫자가 줄어들고 있는 것은 어떤 징후일까.

이틀 내내 날이 잔뜩 흐렸다. 비로소 할아버지는 광목천 덮은 들것에 실려 집을 나왔다. 수협 어판장 건물 안에서 대기하는 동안 천장 제비집에서 새끼제비들 짹짹거리는 소리만 들렸다. 육지 병원 영안실로 호송할 배가 다가왔고 운구조가 할아버지를 위태롭게 배로 옮길 때 비가 내리기 시작했다. 동료 할머니들은 입도 가리지 못하고 울었는데 빗물 때문에 눈물 양이 많아져 버렸다. 친구들은 잘 가라, 했고 남은 이들은 좋은 데로 잘 가시오, 권했다. 대답은 물론 없었다.

배는 기적을 세 번 울리고 멀어졌다. 오랫동안 살았던 섬을 떠나는 마지막 항해. 그분은 이제 두 번 다시 이곳으로 돌아오지 않을 것이다. 때맞춰 천둥이 울고 장대비가 쏟아지기 시작했다. 장마가 시작된 것이다.

## 소녀를 위하여

 동도 죽촌마을에 한 소녀가 있었다. 나보다 다섯 살 정도 많았고 뒷머리가 길었으며 다리가 불편했다. 사춘기에 접어들어서 그랬는지 한사코 목발은 사용하지 않았다. 대신 두 팔로 돌담 벽을 짚으며 천천히 걸었다.
 길에서 나랑 마주친다. 어디 가니? 집에요, 누나는 어디 갔다 와? 인사를 나눈 뒤 스쳤다가 뒤돌아보면 벽을 잡은 채 나를 바라보고만 있었다. 그렇게 걷는 모습을, 어린 후배에게라도 절대 보여 주기 싫었던 것이다.
 죽촌마을 아이들은 고개 넘어 유촌마을에 있는 학교엘 다녔다. 어린 나이에는 이 고개가 만만치 않은 거리였다. 이 소녀는 어떻게 학교에 다녔을까. 친구들이 책가방을 들어 주고 부축해서 등하교했다. 육 년 내내. 그때부터 그들의 우정은 빛나는 바가 있었다. 맞은편 서도 덕촌리에 있는 중학교 통학선을 탈 때도 그랬고 심지어는 제법 먼 거문도 등대도 그렇게 다녀왔다.
 등대지기 관사 담벼락에 수선화가 길게 자라 있었다. 그곳을 보고 싶다고 어느 날 무심코 그녀가 말했다. 그냥 혼잣말이었다. 어차피 보고 싶어도 못 보고, 가고 싶어도 못 가는 곳이 수두룩했으니까. 그 말을 들은 친구 중 하나가 자기 집 배를 훔치는 데 성공한다. 어리둥절한 소녀를 데리고 그들은 출발한다. 등대섬 아래 배 묶어 놓고 교대로 소녀를 업고 등대를 다녀오게 된다. 영원히 잊지 못할 하루가 만들어진 것이다. 물론 배를 훔친 친구는 몹시 얻어맞았다고 전해진다.

섬에는 중학교까지만 있다. 중학교를 마친 친구들은 고등학교 진학이나 돈벌이, 또는 산업체 부설 학교로 가기 위해 모두 섬을 떠났다. 그녀만 남은 것이다. 소녀의 유일한 취미는 음악이었다. 카세트로 FM 라디오를 매일 들었는데 전기가 들어오기 전이라 커다란 건전지 여덟 개를 넣는 구조였다. 친구들이 유행하는 가수의 카세트테이프를 선물로 보내왔는데 건전지 아끼느라 자주 듣지는 못했다.

드디어 여름 방학. 친구들이 돌아온다. 그들은 예전처럼 몰려다닌다. 그러다 비가 몹시 쏟아진 다음 날 그녀는 땅이 아닌 바다에서 발견된다. 죽어 버린 것이다. 스스로 몸을 던졌는지 바닷가를 걷다가 미끄러졌는지 누구도 알 수 없었다. 결혼 안 한 10대라서 어른들은 서둘러 애장 터에 묻으려고 했다.

하지만 이 친구들이 누구인가. 우정으로 뼈가 굵은 애들 아닌가. 그들은 느닷없이 다가온 죽음을 받아들일 시간과 보내는 과정이 필요했다. 조금 전 바다에서 발견됐는데 곧바로 땅에 묻는다고 하니 도저히 받아들일 수 없어 달려들었고, 싸웠고, 끝내 합의를 끌어냈다. 친구들만으로 분향소를 만들어 초상을 치르기로. 어른들은 일절 간섭하지 않기로.

 그렇게 마을회관에 분향소를 만들었다. 선후배들 섞여 분향하고 서로 절했다. 딱히 할 게 없어서 상여에 매달 흰 꽃만 넘치도록 만들었다. 2박 3일이 지나고 드디어 출상하는 날. 친구들은 아차, 했다. 꽃상여가 나가는데 상엿소리 메길 사람이 없다는 것을 깨달은 것이다. 그건 늘 어른들의 몫이었다. 부랴부랴 연습해 보지만 그게 어디 금방 될 것인가.

 그때 친구 하나가 이런 의견을 냈다.

 "그냥 얘가 좋아했던 음악을 틀어 주면 좋지 않을까?"

 모두 찬성했다. 소녀의 카세트가 꽃상여에 광목천으로 묶였다. 그리고 그녀가 가장 최근에 들었던 팝송이 흘러나왔고 상여는 출발했다. 도중에 테이프를 바꿨는데 디스코가 나와서 진행 속도가 빨라졌다. 이게 세상 어디에도 없던, 팝송을 틀고 나간 꽃상여 이야기이다.

 육지로 이주했던 나는 나중에야 이 상황을 전해 들었고 그들 이야기가 머리에서 떠나지 않았다. 훗날 연작 장편소설에 소녀 이야기를 썼는데 아무래도 서운했다. 음악을 배경으로 하는 영화가 어울리겠다는 생각뿐이었다. 그래서 그냥 썼다. 시나리오에 대해 전혀 모른 상태로.

알고 지내는 영화 쪽 후배에게 보여 주자 그게 그쪽 세상에서 빙빙 돌았다. 읽어 본 사람들이 이래저래 고친다는 것은 나중에 알았다. 간혹 가계약을 원하는 곳이 있었지만 그냥 있었다.

시간이 한참 흘러 한 영화사에서 연락이 왔다. 그렇게 영화가 만들어졌다. 각색으로 인해, 유난했던 섬 소년 소녀의 사랑과 우정, 그리고 팝을 틀고 나간 꽃상여를 통해 중년들에게 첫사랑 추억을 전달해 보려던 내 의도는 많이 희석되었지만 말이다.

사무실에서 가편집본을 보면서 나는 눈물을 흘렸다. 그리고 조용히 하늘을 향해 그 누이에게 말했다. 저렇게 유명하고 아름다운 배우가 당신을 대신하고 있어요. 당신들의 빛나던 추억을 저렇게 재현하고 있어요, 혹시 보고 있나요….

흥행에는 실패했지만 그들의 사랑과 우정을 세상에 증거로 남겨 놓는 데는 성공했다고 나는 생각했다. 세상 살아 보니 인간관계에서 사랑과 우정 외에는 어떤 것도 가치가 없으니까.

그 영화는 도경수 김소현 주연의 〈순정〉이다.

## 작가여, 어부여?

사람들은 가장 오래도록 바라본 것을 닮는다고, 나는 언젠가 말했다. 지금도 같은 생각이다. 특히 눈眼이 그렇다. 히말라야나 광활한 초원의 눈빛이 뉴욕 월가나 강남 복판의 눈빛과 실제로 다르듯 말이다. 그 소리 하면서 당신이 죽을 때 카드나 돈과 닮아 있을 거라고는 생각 안 하는가, 덧붙여서 사람들을 좀 기분 나쁘게 만들었었다.

ⓒ김무환

어부의 눈은 당연히 바다를 닮는다. 그러면 그 눈은 아름다울 거라고 생각하기 쉽지만 그것은 아니다. 파도와 바람과 풍랑이 바다의 일이듯 그 눈에는 그런 것들이 지나온 시간의 나이테 같은 것만 있다. 다만, 깊어져 있을 뿐이다.

나는 어부들 사이에서 나고 자랐고 지금도 어부 비슷한 모습으로 살고 있다. 날만 좋으면 바다로 나가 낚시채비를 집어넣으니까. 그래서 듣는 게, 도대체 작가여, 어부여? 소리이다. 하지만 생선을 팔지 않으니 어부는 아니다(딱 한 번 5킬로그램짜리 장어를 판 적은 있다). 그렇지만 낚아 주고 밥을 얻어먹으니 약간 변형된 어부 맞다. 단지 소설 쓰고 책을 냈다는 것만 다른 점이다.

어부는 새벽에 깬다. 세상 끝을 사는 사람답게 그가 눈을 뜨면 바다도 서서히 깨어난다. 한 나라가 열린다. 이를테면, 대한민국에 뜨는 태양을 가장 먼저 보는 이는 동해 끝자락에서 떠 있는 어선의 선장이다. 마지막 석양을 보는 이는 서해 어부다. 그 중간이 남해 어부이다.

새벽에 꼼지락거리며 어부는 TV부터 튼다. 일기예보를 보고 그것으로도 미진하면(미진하기 마련이다) 131 일기예보 버튼을 눌러 지역 바다 날씨를 확인한다. 조금 젊은 측들은 외국 기상 웹인 '윈디'나 '윈드파인더'를 본다. 그리고 별을 머리에 이고 바다로 나간다. 한 나라의 아침을 여는 존재들이니까.

하지만 바다의 사나이들은, 미안하게도 반대의 세상에 가면 몹시 초라해지고 만다. 서울 신촌 로터리에서 어색한 양복을 입고 있는, 까맣게 탄 초로의 아저씨를 떠올려 보면 된다. 그것은 근사한 도시남이 어선 위에서는 토하기나 하는, 귀찮고 볼썽사나운 존재가 되어 버리는 것과 같다.

세월이 가서 그런지 나도 바다에서는 그럭저럭이지만 서울 복판에 가면 영 폼이 안 난다. 영락없는 섬사람 행색이다. 예전에는 아무거나 걸쳐도 괜찮았는데 말이다. 혼자 중얼거리는 것도 그때이다.

"도대체 난 작가여, 어부여?"

## 또 뭣을 집어 넌다냐

뭘 먹지, 한다는 뜻이다. 혼자 사는 사람들이 툭하면 하는 소리이니 나도 자주 하게 된다. 먹고산다는 게 참 그렇다. 혼자 끓여 먹고 사는 처지에 하루 세 끼는 너무 많다고 자주 생각한다.

섬 안에서도 혼자 뚝 떨어진, 말 그대로 유배지 같은 생활을 하고 있으니 더욱 그렇다. 섬에는 나처럼 혼자 사는 남자들이 많다. 이들이 밥 먹는 스타일은 두 부류이다. 첫째는 잘 먹어야 한다고 생각하는 사람이다. P가 대표적인 경우이다.

그는 아주 작은 방이 세 개 있는 집에서 살고 있는데 냉장고에는 이런저런 생선과 육고기가 종류별로 차곡차곡 쟁여져 있다. 이제는 보관해 놓은 것들을 헷갈릴 만도 한데 어떤 게 어디에 있는지 정확히 기억한다. 특히 즐겨 먹는 것은 오리고기다. 섬에서 사니까 혹시 바다에서 잡아먹나 싶으실 테지만 육지에서 사 온다.

반대가 대충 먹고 때우자는 부류이다. 나는 후자 측이다. 뭘 차려 먹는 게 귀찮기가 한정이 없다. 덕분에 라면을 자주 먹는다. 안 먹을 수 없다. 가장 간단하니까. 지금도 라면 먹고 이 원고 쓰고 있다. 다만, 그냥 먹지는 않는다. 라면 독을 중화시키는 가장 좋은 것으로 나는 버섯을 친다. 느타리나 표고 같은 거 두어 개만 넣으면 충분하다.

하지만 이것도 육지에서 사 와야 해서 늘 있는 것이 아니다. 주로 쓰는 것은 목이木耳버섯이다. 나무에 달린 귀처럼 생겼다 해서 붙은 이름. 짬뽕에 한두 개 들어 있는 바로 그것. 이곳에서는 귀보시라고 한다. 비가 오고 나면 뒷산을 간다. 죽어 있는 예덕나무에 주로 붙어 있다. 보일 때마다 따 말려 놨다가 라면 끓일 때 몇 개씩 넣는다.

그래서 그런지 P는 건강하고 나는 자주 아픈 편인데, 이게 원인일 가능성이 제법 높다. 그렇다고 해서 '굶기를 밥 먹듯 하는' 것은 아니다. 우리는 뭐든 먹어야 사는 종족이다(안 그런 종족도 있나?). 여기는 시장도 없고 대형 마트도 없다. 부식 가게가 한두 개 있는 정도이다. 심지어 내 집은 짜장면이나 치킨 배달도 안 된다.

그러니 해초나 생선을 그나마 자주 먹는다. 어제저녁은 볼락 구이에 밥을 먹었고 오늘 아침에는 고동수프를 먹었다(이따가 만드는 법을 가르쳐 드리겠다). 이렇게 말하면 다들 부러우시겠지만 사실 먹을 게 그런 것 말고는 별로 없다.

이곳에서는 1킬로짜리 도미회 떠 놓고서 친구 부르면 면박당하기 십상이다. 심마니에게 도라지 선물하는 꼴이니까(물론 3킬

파꼭지와 볼락구이. 이거면 한 끼 충분하다.

로짜리라면 말이 달라지지만). 대신 좋아하는 게 있다. 족발이나 갈비, 삼겹살이면 흐뭇해한다.

흔한 것은 무시당하고 귀한 것은 대접받는 것이 세상사 인지상정이다. 한 홉의 물이 가뭄 때와 홍수 때 다르듯 말이다. 이러니 육지에 한번 나가면 찾아 사 먹는 게 정해져 있다. 순대국밥, 소머리국밥, 냉면 같은 것들. 그곳에선 흔하고 이곳에선 귀한 것들.

내 집에서 다섯 걸음이면 바다이다. 왼쪽으로는 백사장이, 오른쪽으로는 크고 작은 갯바위들이 길게 뻗어 있다. 칼 하나에 비닐봉지, 장화, 이러면 갯것 준비 끝. 갯바위에 붙어 있는 고동, 삿갓조개(우리 섬에서는 배말이라고 한다). 거북손, 홍합(굵은줄격판담치라는, 작은 종류) 따위를 채취하러 가는 것이다.

삿갓조개를 제주에서는 보말이라고 한다. 언젠가 울릉도에 갔더니 따개비비빔밥을 팔고 있었다. 재료가 삿갓조개였다. 따개비는 따로 있다. 갯바위에 단단하게 붙어 있는, 마치 화산처럼 생긴 것이다. 그러니까 이름을 잘못 붙인 것.

물론 따개비도 몸통 깨고 내용물로 된장국 끓이기도 한다. 하긴 사람이 무엇을 안 먹었을까. 그런데 홍합밥보다 2천 원이 더 비쌌다. 울릉도는 직벽이 발달한 데다 식당도 많아서 이 삿갓조개가 귀했던 것이다.

채취해 와서 씻고 삶는다. 삿갓조개는 알맹이가 뚝 떨어져서 골라내면 되고 홍합은 껍질 속 살을 떼어 내고 거북손은 알맹이를 빼내야 한다. 고동은 조금 뒤에서 설명한다. 손질이 다 되면 살짝 한 번만 헹궈 물기 제거하고 마늘이나 두어 개 갈아 넣고 간장과 참기름에 무치면 충분하다.

물론 양념은 자기 원하는 대로다. 하지만 내 기준으로는 자연 상태의 맛이 최고이다. 이를테면 소금 간을 한 볼락을 냉동시켜 놓았다가 맹물에 그대로 끓여 먹기도 한다. 양념 하나 없이. 오직 살과 소금 맛으로. 그런데 이거 먹어 본 사람들 모두 반했다.

굳이 더 넣는다면 약간의 마늘 정도.

음식은 눈으로 먼저 먹는다는 말이 있듯이 보기 좋아서 나쁠 거야 없지만 장식 또한 없어도 된다. 고동 꼬리의 둥그런 나선형 모양, 삿갓조개의 통통한 내장 빛깔, 홍합의 거시기한 모양새처럼 스스로 가지고 있는 그 모습 이상의 장식이 어디에 있겠는가.

서양 음식에 나오는 아스파라거스를 장식으로 여기는 사람이 많은데 죽음을 애도하는 상징적인 식물이란다. 우리의 흰 국화 같은 것. 그러니까 서양인은 먹기 위해 죽인 양이나 소에게 미안해서, 애도하는 마음으로 접시에 아스파라거스를 올린 것이다.

그러면, 고동수프를 먹으려면 어떻게 해야 하는가.

좋은 고동을 잡기 위해서는 물안경 쓰고 바다에 들어가야 한다. 어제 거문반점 하는 후배와 마을 뒤편 바다에서 잡았다. 연이은 무더위로 바닷물은 따뜻하고 부드러웠다. 파도에 몸이 쓸리지만 늘 그러는 것이니 그러는가 보다 해야 한다.

고동 종류는 엄청나게 많다. 일일이 이름을 다 못 외울 지경이다. 우리 섬사람들은 그중 시리고동이라는 것을 최고로 친다. 반듯한 원뿔 모양으로 가장 크고 살도 넉넉하다. 패류도감에는 바다방석고동으로 나온다.

한 시간 정도 물질을 한 다음 망태 짊어지고 돌아왔다. 뭔가 그럴싸한 그림 같겠지만 이제 고작 한 단계 끝난 것이다. 솥에 삶는 것은 간단해서 단계로도 안 친다. 정작 중요한 일이 남았다. 식힌 고동을 함지박에 쏟은 다음 까야 한다. 쌀에 비유해 보

자. 바위에서 고동 잡는 게 탈곡脫穀이라면 까는 것은 도정搗精이다. 껍질 까는 것 말이다.

바늘을 찔러 넣고 손이나 고동 자체를 돌리면 기가 막힌 타원의 속살이 나온다. 그래서 섬마을은 집집마다 벽에, 식구 숫자만큼 바늘을 거꾸로 꽂아 놓고 있다. 암컷들은 알이 차서 동그라미 끝부분이 빛나는 노란 빛깔이다. 예쁘면서 탐스럽다. 하지만 이 짓이 만만치 않다. 다섯 사람이 세 시간 걸렸다. 눈이 침침해지고 허리가 아픈 것도 예사이다. 끝나자 다들 아이고, 소리를 내며 허리를 폈다(끝이 보인다, 소리가 여기서도 나왔다). 두 번째 단계가 끝난 것이다. 이때 누군가에게서 나온 말.

"이런 것은 그냥 얻어먹으면 의미가 없어. 이렇게 다 해야 진정한 맛을 알지."

마지막 단계는 후배 부인이 했다. 먼저 멸치 육수에 고동 살을 넣고 끓인다. 끓을 때 물에 푼 전분과 들깻가루를 넣는다(상황에 따라 찹쌀가루를 넣기도 한다). 양파와 대파 같은 기본 채소는 필수, 깻잎이나 방앗잎, 청양초는 선택 사항이다. 양파 조각은 불 끄기 일 분 정도 전에 넣으면 식감을 살릴 수 있다.

괴테는 이렇게 말한 적이 있다. '내가 돼지고기를 먹으면 그 돼지고기는 괴테가 된다.' 멋진 정의이다. 그동안 먹었던 것들이 세포를 만들어 지금의 내 살과 뼈를 이루고 있다. 먹는 것을 통해 끊임없이 나를 만들어 가는 것이다(지금 내 살은 라면 쪽일까, 해물 쪽일까).

그래서 종종 이런 생각을 했다.

아주 비싸고 유명한 음식, 그러니까 철갑상어알이나 송로버섯 같은 것을 먹으면 사람 자체가 좋아지지 않을까, 하는 것 말이다. 미안하지만 아직까지 그런 증거는 찾을 수 없다. 라면 먹는 것보다야 건강해지겠지만 생각이나 버릇 바꾸는 경우를 한 번도 보지 못했기 때문이다. 아무리 좋은 음식이라도 우리 몸은 단순한 '남의 살'로만 여길 테니까. 미식을 탐하는 모습이 그다지 아름다워 보이지 않는 이유이기도 하다.

다시 고둥수프로 돌아간다.

그러니까 잡으러 간 것부터 해서 최소 여섯 시간 걸린 것이다. 그런데 오늘 아침 고작 오 분 만에 먹어 치웠다. 우리나라 사람들이 밥을 빨리 먹는 편이기는 하지만 여섯 시간과 오 분은 엄청나게 차이가 난다. 이게 준비하는 사람의 노동과 받아먹는 사람의 만족, 그 둘 사이의 거리이다. 누군가 만들어 준 음식을 대했을 때 우리의 미식 개념은 그렇게 준비하는 이의 수고를 짐작하는 것이라고 나는 생각한다. 그 수고가 없으면 먹을 수 없으니까.

"또 뭣을 집어 넌다냐."

오후 여섯 시 거문슈퍼 평상 앞에 모인, 가까운 몇 사람 입에서 이 말이 또 나왔다. 어제 한 고민 오늘도 하고 있는 것이다. 아마 내일도 할 것이다.

## 토요일이 삼 일 만에 돌아온다

할머니가 자주 하셨던 말이다. 하루하루 매시간은 지루하지만(언젠가 나에게 양말 좀 벗어 달라고 했는데 일이 없어 너무 심심하니 빨아 주겠다는 거였다) 일주일은 획 지나간다면서. 이렇게 바람처럼 지나가는 게 할머니의 일 년이었다. 할머니는 그러시고 바다에서는 일 년이 어떻게 갈까.

계절은 바다에도 있다. 당연히 그러겠지, 그럼 없겠어? 따질 수 있지만 우리는 계절의 흐름을 새싹, 꽃봉오리, 열매, 가을걷이 따위의 특징으로 읽어 낸다, 모두 육지의 모습이다. 장마가 지고 땡볕이 내리쬐고 가을비 추적이다가 첫눈이 내리는 그 과정 말이다.

바다의 계절 변화도 육지만큼이나 뚜렷하고 분명하다. 온도만 두고 말하면 더하면 더했지 덜하지 않다. 육지의 경우, 오늘 뉴스에서 비 온다고 했어, 우산 가져가, 또는 몇 도라고? 그렇다면 춥겠군, 졸라 덥겠군, 정도의 반응이다.

하지만 바다에서 사는 사람들에게는 바닷물 온도, 즉 '수온'

자체가 절대적이다. 당장 15도 이하면 물고기들 움직임이 없어진다. 낚시에 잘 안 문다는 소리이다. 2~3도가 갑자기 올라도 마찬가지이다. 물고기들이 온도 변화에 아주 민감하다 보니 사람도 거기에 맞춰 일상이 정해진다. 흔히들 물고기에게 수온 0.1도 차이는 사람 생활의 1도 차이 정도라고 한다. 그러니 수온 1도 변화는 10도의 변화 같은 것이다.

바다는 육지보다 대략 두 달 늦는다고 보면 된다. 육지가 6월이면 바닷속은 4월 정도이다. 그래서 따뜻한 6월 햇살을 믿고 바다에 들어갔다간 오들오들 떨기 십상이다. 반대로 10월 찬 바람 불기 시작했는데 바닷물은 의외로 따뜻한 경우가 대부분이다.

이제부터 귀하는 바닷가에 살러 왔다.

이 말 듣는 것만으로도 기분이 좋아질 수 있는데 조건이 하나 있다. 먼저 바다와 먹을거리에 대해 선입견과 로망을 버려야 한다. 바다에 대한 귀하의 짐작을 〈일박이일〉이나 〈삼시세끼〉 같은 프로그램이 조져 놨을 가능성 아주 높기 때문이다. 기억해 보시라. 거기 출연했던 이들은 바다에 잠깐 들러 재미있는 것만 골라서 하고 떠난다. 그게 다이다.

셰프니 레시피 같은 단어도 당신을 오염시켰을 것으로 나는 본다. '먹방'의 유행이 정치 사회 불안에서 기인했다는 것 정도는 짐작 어렵지 않지만 이 현상은 또한 우리를 불행하게 만들고 있는 본질을 외면하고 있다는 사례이기도 하다. 아무튼 현실은 다르다. 모델이 입은 것은 정말 예뻤는데 그 옷을 산 본인은 맵시

자연 상태의 미역. 그대로 먹을거리가 된다.

가 안 나는 것과 같다. 인생에서는 기획과 편집이 없다. 지루하고 고단한 시간대를 고스란히 겪어야 하니까.

그래도 좋다면 저를 따라오시라. 먼저 겨울.

바다의 1월은 미역이나 김, 톳 같은 해초류를 만나는 것으로 시작된다. 눈에 뻔히 보인다. 이 애들은 찬 바람이 시작하는 초겨울부터 자라기 시작한다. 그중에 자연산 김은 채취하는 사람이 아예 없을 정도로 만드는 과정이 힘들고 까다로우니 제외(물론 대충 긁어다 끓여 먹는 것은 가능하다, 다시 멸치나 쇠고기 좀 넣어서).

그리고 톳은 마을 어촌계에서 관리하므로 조금 신경 쓰이지만 두어 끼 먹을 정도는 눈감아 준다. 여린 톳을 데친 다음 자기 좋을 대로 양념하면 된다(젓국간장은 필수고 요즘은 매실액을 넣기도 한다).

그중 가장 만만한 것이 미역. 사리철(썰물 밀물의 차이가 가장 많이 날 때) 썰물이 지면 찾아가 본다. 바위에 뿌리내리고 있는 미역이 보일 것이다. 칼로 밑동을 딴다. 주름진 공처럼 생긴 부분은 미역귀이다. 이것은 국에 안 쓴다. 그냥 씹어 먹거나 말려 놓는다.

따 온 미역을 끓는 물에 넣고 조금씩 젓는다. 약 삼십 초 정도 뒤 꺼내서 찬물에 넣고 비빈다. 빤다고 생각하면 된다. 네댓 번 찬물에 빨고 헹군 뒤 건져 놓으면 이게 생미역이다. 가위로 잘라 초고추장이나 간장에 찍어 먹는다. 미역국도 끓인다. 이곳에는 쇠고기 대신 우럭이나 노래미, 양태 같은 생선을 넣는다. 남는 것은 냉동해 놓으면 나중에도 생미역 맛을 볼 수 있다.

말리는 것은 채취 상태 그대로(데치지 않고) 한다. 상품용으로 만들 때는 발에 널지만 집에서 먹을 거면 빨랫줄이면 충분하다. 이 경우 민물 안 닿게 주의. 비라도 조금 맞으면 다시 말려도 노랗게 변질하고 마니까.

봄이 무르익으면 톳은 웃자라고 김과 미역은 녹기 시작한다. 이젠 동물성으로 간다. 먼저 농어가 온다. 그리고 장마철쯤 되면 참돔 무리가 몰려온다. 이 애들 낚는 방법은 여러 가지라 일일이 설명할 수 없다(한 번씩 냉동고에서 생미역 꺼내 먹는다).

가을이 되면 방어 종류가 많이 오는데 이 녀석 잡기 위해 내가 간혹 쓰는 방법 하나 소개해 보면 이렇다. 혹시 가두리 양식장 주인과 안면을 트고 그곳으로 낚시를 가게 된다면(주로 고등어와 전갱이를 낚는다. 이 애들은 일 년 내내 드나들어 딱히 계절을 따로 타지 않는다.) 한번 도전해 볼 만하다. 지깅대라고 부르는 짧고 단단한 낚싯대가 유리하지만 손으로 하는 방법도 있다.

40호 이상 굵기의 낚싯줄을 수십 미터 준비한다. 이게 원줄이다. 끝에 튼튼한 삼각 도르래를 달고 50센티 정도 가짓줄을 묶고 최소한 50호 이상 봉돌을 단다. 그리고 삼각 도르래 한쪽에 1미터 50센티 정도 목줄을 묶고 거기에 부시리 바늘을 단다.

그 바늘에 자그마한 전갱이를 산 채 꿴다. 콧구멍을 관통하는 방식이다. 그리고 봉돌부터 약 10미터 뒤에 음료수 페트병 빈 것을 묶어 던져 놓는다. 맨손은 금물. 젖은 목장갑 두 개를 손에 끼운다.

이거 물었다 하면 한바탕 난리다. 작은 게 5킬로그램 정도, 좀 크다 싶으면 10킬로 넘게 나간다. 경험 있는 사람이 옆에 있어야 하지만 어쨌든 잡기만 한다면 끝내주는 회 맛을 볼 수 있다. 특히 대가리는 가운데를 벌려 소금 뿌려 구우면… 아, 설명 그만할란다.

겨울이 오면 학꽁치다. 사실 이거 낚기가 가장 쉽다. 이야기했듯이 회 뜨고 전 부치고 김칫국 끓이고, 아주 다양하게 먹을 수 있다. 그리고 다시 미역과 톳을 만난다. 뭐야, 벌써 겨울이야?

일 년이 삼 개월 만에 지나간 것 같군, 하신다면 더 살아 보는 것도 좋다. 이곳엔 백 년 가까이 살고 있는 이도 여럿이니까.

# 봄이 왔당게

정말 봄이다. 이번 겨울은 한정 없이 길었다. 마치 빙하기를 거쳐 온 것 같기만 했다. 거듭 되풀이하는 말이지만, 특히 겨울 바다를 꿈꾸는 분들에게는 미안한 말이지만, 섬의 겨울은 정말 혹독하다. 춥고 스산하고 쓸쓸하기 짝이 없으니까. 아, 하루 이틀 정도 거닐다가 돌아가는 것은 괜찮다. 단식도 하루 정도면 할

문학기행 아니다. 어떻게 하다 보니 관광객들 앞에서 노래를 부르게 되었다.

만하잖은가. 하지만 살아 내는 것은 다르다.

이곳은 남쪽이라 온도가 낮지는 않다. 문제는 바람. 잠시 서울에 있을 때였다. 똑같은 영하 10도인데 어떤 날은 내가 추위에 몸서리를 치고 어떤 날은 아무렇지도 않았다. 따져 보니 바람이 조금이라도 부는 날을 못 견뎌 한 것이다. 몸이 바람에 몹시 민감하게 반응했던 것.

"이곳에 봄이 왔음을 선포하는 바이다."

올해 들어 대여섯 번 정도 이 짓을 했다. 파도 잔잔하고 따뜻한 날에 말이다. 내 거처는 이웃 하나 없는 바닷가라서 스스로 영주領主님 같을 때가 있다. 개와 열댓 마리의 바다직박구리, 비슷한 수의 휘파람새, 수백 마리의 무늬발게, 수천 마리의 갯강구가 그 영토 속에 살고 있는 이들이다.

그런데 꼭 그다음 날 비바람이 몰아치지 뭔가. 선포는 무효가 되고 봄은 수백 리 뒤로 물러나 버렸다. 하룻밤 사이에 다시 시퍼런 한겨울로 되돌아간 것이다. 다행히 우리 착한 생명체들은 이의를 제기하지 않았지만 그래서 더 민망해지곤 했다. 무능한 영주일수록 쓸데없는 선포가 잦으니까.

아무튼 지난 몇 달 동안, 이 남녘 섬에는 봄이 열댓 번, 겨울도 그만큼 찾아왔던 것 같다. 그동안 외투를 뒤집어쓰고 고개를 웅크린 채 겨울은 정말이지 신물이 나, 혼자서 얼마나 중얼거렸던가.

오늘에야말로 완벽한 봄이다. 관광객 실은 여객선이 들락거리고 쑥은 웃자라고 개는 그늘과 햇살이 뒤섞인 곳에서 종일 존다. 그래서 최종적으로 다시 선포했다.

"진짜로 봄이 왔당게!"

여러분은 언제 행복하신가? 합격, 입학, 졸업, 수상, 연애와 결혼? 아이의 웃음? 그런 것이 행복하기는 하지만 돌아보면 찰나이다. 별다른 의미 없이 일상적으로 행복할 수 있는 게 무어가 있을까? (돌아가신 김종철 선생(《녹색평론》 발행인)께서 먼저 하신 말씀이지만) 나는 날씨가 좋으면 행복하다.

그런데 며칠 뒤면 여름이 시작되겠지? 그것도 몹시 무더운.

## 바다의 껍닥 같다니께

아침에 눈을 뜨면 바람 소리에 귀를 기울인다. 뒤이어 해수욕장에서 들려오는 파도의 세기를 짐작한다. 이곳은 바람과 파도의 방향과 강약에 의해 그날 일정이 만들어진다고 이야기했었다. 해발 2미터의 집이라 방에 누운 상태에서 이런저런 짐작이 가능하다. 바람이 강하면 조졌군, 소리가 절로 나오지만 날이 좋으면 마음도 좋아진다. 마음이 좋은 것보다 더 좋은 것은 세상 어디에도 없다.

이번 봄 도착 선포 효과가 제대로 먹혔다. 여러 날째 날이 좋다. 옛 노래에 '달이 좋다고 달맞이 가면 날이 좋다고 날맞이 갈까' 하는 게 있다. 하지만 나는 간다. 좋은 날씨 방구석에 박혀 있는 것은 억울하다. 나의 날맞이 장소는 바다이다. 따스한 햇볕이 내려쬐는, 깊고 푸른 바다. 만세다.

마침 갯것하러 가는 아주머니들이 태워 달라고 한다. 이왕 나가는 거 못 할 거 없다. 세 명의 여인네가 탔다. 배가 방파제를 돌아나가자 한 아주머니가 격벽에 가슴을 구부린 채 손끝을 바다

옆 사내는 호프집 장촌타운을 하는 기타리스트 후배.

에 담근다.

"손에 똥 묻었소?"

후배 아낙이 놀린다.

"아니."

"근디 왜 그러요?"

"바다 껍닥 만져 보는 재미가 있당게."

"느끼는구만."

"맞어. 느끼는 거여."

이번에는 친구 아낙이 참견을 했다.

"쟈는 닭을 묵어도 꼭 껍닥부터 묵드라고. 돌돔도 그리고."

"맞어. 나는 껍닥이 제일 좋아."

맞는 말이다. 우리가 누구를 사랑할 때 그대의 췌장이 너무 아름다워요, 상완골이 어쩜 그리 매력적이에요, 뭐 이럴 일 없다. 다 껍질이 좋아서 사랑하는 거지. 그건 그렇고 그분 말대로 수면은 바다의 피부이다. 피부가 아름답기로는 최고가 바다이다. 세상에서 가장 넓은 피부 또한 수면이다.

뒷산의 보기 좋은 소나무도 피부는 별로이다. 바다는 나이가 아주 많은데도 이렇게 멋진 피부를 가지고 있다. 오리바위에 그녀들을 내려주고 내처 더 몰고 나간다. 잔물결이 다가오고 배는 가볍게 요동친다. 내 목표는 반놀섬. 그냥 작은 바위섬이다. 그 근처에서 낚시를 한다. 물고기가 안 물어도 좋다. 봄 바다를 만나러 왔으니까. 물론 물면 더 좋다. 저녁거리가 생기니까.

입질이 없어 이동. 우주 공간의 소행성처럼 작은 무인도들이 일정한 간격을 두고 떨어져 있다. 어린 왕자가 이 별에서 저 별로 여행하듯 나는 이 바위섬에서 저 바위섬으로 옮겨 다닌다. 마치 살면서 만났던 사람들처럼, 비슷하지만 전혀 다른 느낌의 섬들.

잠시 키를 놓고 격벽에 눕다시피 기대어 앉아 그 아주머니처럼 팔을 뻗는다. 작은 배는 해류를 타고 천천히 흘러간다. 손끝에서 부드럽게 물컹거리는 바다의 껍닥 느낌. 이럴 수 있어서 참 좋다.

에필로그

여기저기 공사 현장을 떠돌던 이십 대 후반.

# 이랬던 우리의 바다가

ⓒ김무환

　이십 년쯤 전 조류독감이 유행하던 때였다. 서울로 일 보러 간 김에 삼계탕을 먹으러 갔다. 주인아주머니는 맨발로 달려 나와 내 손을 잡았다. 명색이 중복中伏인데 종일 두 번째 손님이라는 것(첫 번째는 자기 동생이었다고). 그녀는 금방이라도 울 것 같은 표정으로 거듭 고마워했고 이게 거위 아닐까, 싶을 정도로 커다란 닭을 삶아 내 왔다.
　조류독감 바이러스는 익히면 아무런 해가 없다는 사실이 널리 퍼졌는데도, 심지어 감염 안 되었을 확률이 높은데도, 사람들은 닭을 아예 안 먹어 버린 것이다. 덕분에 문 닫은 치킨집 여럿이었다. 2023년 천일염 사재기 또한 그랬듯이 사람 마음이 그러하다는 걸 일단 기억하자.

말한 대로 나는 열 살 되던 해에 섬을 떠나 육지로 갔다.
낡은 여객선 선미에 쪼그려 앉아 조금씩 멀어지는 섬을 보면서 이제 육지 사람으로 살아가야 한다는 사실에 어떤 기대도 없었다. 굳이 찾으라면 짜장면이라는 것을 먹을 수 있게 됐다는 거 정도.
그렇게 시작된 육지 생활은 여수에서 광주로, 대전으로, 서울로, 또 다른 낯선 지역으로 이어졌다. 그 과정에는 쉰 냄새 떠도는 산동네, 불 꺼진 후배 자취방, 사모래 날리는 아파트 공사 현장, 최루탄과 함성이 뒤섞인 사거리, 기차역 대합실, 뙤약볕 가득한 지방 도로 따위가 늘 같이 있었다. 덕분에 목덜미엔 날마다 소금꽃이 피어났다. 고생담을 말하는 게 아니다. 물기가 몹시 부족하다는, 그 장소들의 공통점을 말하는 것이다.
생텍쥐페리 책에는 유목 중에 나무를 발견하면 껴안고 우는 베두인족 이야기가 나오는데 내 경우가 매번 그런 기분이었다. 늘 마음의 갈증에 시달린 탓에 고향 섬과 바다를 생각했고 언젠가는 돌아가리라, 어디에서든 다짐하곤 했다.
바로 그거다. 나는 돌아갈 곳이 있던 것이다. 비장의 무기처럼, 최후에 갈 곳이 있다는 것은 얼마나 다행인가. 깊고 푸른 바다의 기억만큼은 흘러넘치고 있었으니 고달픈 인생에도 매번 괴롭지는 않았던 이유이다. 심지어 연애를 시작할 때도 이 말부터 했다. '나는 고향 섬에 돌아가서 살 작정이다. 동의할 의향 있는가.'

그 섬에 돌아와 이십 년 가까이 살고 있다. (그래서 행복한가, 와는 별개로) 해발 2미터 바닷가 집에 살고 있다. 아침에 눈 뜨면 파도 소리를 듣고 기상이 괜찮으면 절벽 쪽으로 도미와 볼락을 낚으러 간다. 겨울에는 갯바위에서 미역과 톳을 딴다. 수평선에 달이 뜨면 소주 마시며 이곳 사람들의 사연을 소설로, 산문으로 지금까지 써 왔다.

혼자 이러고 사는 '꼬라지'에 지인들은 아직도 한걱정이지만 나는 나쁘지 않았다. 언제나 손 내밀 수 있는 바다가 있으니까. 더군다나 나쁘지 않으면 그것은 좋은 것이라고 생각하니까. 그런데 이 바다가 죽는다. 바다가 죽어 가는 모습을 살아생전 보게 될 거라고는 상상도 못 했다.

항해하는 배에는 '선박 발생 폐기물 처리 기준'이라는 것이 있다. 컨테이너선 타고 인도양 건너갈 때 오피스 데크에서 그것을 발견했는데 이를테면 부유성 화물 잔류물은 육지로부터 25해리, 미분쇄 음식 찌꺼기는 12해리, 분뇨는 12해리에 항속 4노트 이상 시 배출 가능, 같은 것이다.

우리의 삶은 쓰레기를 만드는 방식으로 진행된다. 날마다 커피 봉지를 뜯고, 화장지에 코 풀고, 양치하고, 머리 감고, 이쑤시개 버리고, 담배를 꽁초로 만들고, 똥을 싸니 인정할 수밖에 없다. 그러니까 이 정도 쓰레기라면 이 정도 거리에서는 바다에 버리자, 하는 기준이 생긴 것이다. 바다의 또 다른 역할이다. 그리고 그때 든 생각. 이 바다를 다 써먹고 나면 인류는 멸망하겠구나, 쓰레기 버릴 곳이 없으니까, 소형 블랙홀을 만들어 낼 기술은 요원하니까.

그래서 우리 삶이 폭삭 주저앉는 것은 먼먼 미래라고 여겼다. 바다는 워낙 깊고 넓으니까 말이다. 대략 몇천 년? 박하게 잡아도 몇백 년은 이어질 거라고 여겼는데 핵 오염수가 방류되면서 의지하던 그 시간이 사라지기 시작했다.

그러니까 딱 하나 있는 공동 우물에 독을 타 버린 것이다. 해결 방법을 같이 찾거나 최소한 자기 땅에 묻을 수도 있는데 말이다. 지도자를 잘못 뽑는 것은 실수가 아니라 죄악이듯이 한 번의 선택으로 인류 생활이 통째로 뒤엎어져도 상관하지 않겠다는 이 경우도 끔찍한 죄의 탄생, 차원이다.

단 하나 있는 우물에 독을 풀어 버린 사람은 과연 용서받을 수 있을까? 하다못해 상추밭에 똥 싼 개도 두고두고 "저 개새끼가 그랬다" 말을 하게 되는데(우리나라 속담에 있는 거다).

2023년 8월 핵 오염수를 방류하기 시작하자마자 붕괴 현상은 시작되었다.

먼저, 가두리 양식을 하는 후배는 고깃값이 사정없이 떨어져 버린 데다 그나마 판로가 막혀서 몹시 힘들어했다. 「돼지고기 안 먹습니다」편의 그 젊은 사장이다. 건어물 파는 친구 부인이

나 후배도 직격탄 맞았지만 가두리는 살아 있는 물고기를 가지고 있는 곳이라 더욱 그랬다. 안 팔리는 물고기에게 (죽일 수도, 풀어줄 수도 없으니) 사료는 줘야 하는데 이게 하루에 몇백만 원 단위이다. 그 상황은 지금까지 이어지고 있다.

그사이 다들 좀 무뎌지기는 했다. 하지만 오염수가 돌고 돌아 우리 바다에서 세슘과 삼중 수소가 발견된다면 본격적인 비극이 시작될 것이다. 해산물로 영업해 온 식당들이 망한다. 핵 오염의 바다로 누가 관광을 올 것인가. 해수욕장에서 깔깔거리는 아이들 웃음소리도 이제 멈춘다. 그해 일본은 물놀이 시즌 이후로 방류를 미뤘었다. 저들도 안다. 그 바닷물에는 안 들어가고 싶다는 것을, 들어가면 안 된다는 것을.

아빠와 함께하는 놀이 중 최고 경지인 낚시도 이젠 전설이 된다. 가고 싶다는 아이는 있을 수 있지만 가자는 아빠는 안 나온다. 바다에 로망을 가지고 있는 사람들, 그들의 희망도 사라진다. 노을 지는 바닷가 바짝 붙은 은밀한 두 발걸음도, '나 잡아 봐라' 호들갑스러운 데이트도 끝이다. 갯벌 탐험, 해루질, 스노클링, 스킨스쿠버도 마찬가지.

여관, 민박집도 망하지 않을 재간이 없다. 내 친구 하나는 평생 숙원이었던 일을 하고 있다. 바다 전망이 좋은 곳에 집을 짓는 중이다. 요즘 그 친구는 일할 맛이 안 난다. '다들 집 내놓고 육지로 갈 건데 뭐 하러 새집을 고생스럽게 짓고 있느냐.'고 핀잔받기 때문이다.

아무도 해산물을 사지 않으니 누가 그물을 올리고, 갯것 나갈 것인가. 해녀는 말라 죽고 어부도 뒤틀려 죽는다. 그 늙은 해녀 어부 들이 육지로 나간들 무슨 수가 있을까. 어선 활동이 정지되니 수협 냉동 공장 직원인 내 친구도 잘릴 것이다.

그러하니

소년에게 목소리를 보내던, 노랑 새와 반달과 옹기 배가 오던, 주정뱅이가 안주를 구하던, 검정 통치마 처녀가 덴마 노를 젓던, 경엽 씨가 평생 물질을 하던, 국만 먹는 내 사람네가 살던, 할아버지 돌아가셨던, 태풍이 탄생하고 바람이 불어오던, 딸이 표류해 보고 싶어 하던, 이모가 허부고 댕기던, 오메 오메 우리 천금이의 바다가, 죽는다. 그뿐인가.

섬 아낙이 노래 부르던, 홍민어가 잘도 찾아오던, 꼬마가 모래성 쌓던, 가슴에 피 고인 이가 바라보던, 동남아 친구들이 돈 벌러 오는, 해마다 풍어제와 은빛바다축제가 열리던, 울릉도로 나무하고 강치 잡으러 다니던, 안개 몰려오던, 죽었던 소녀가 유명 여배우로 재림하던, 토요일이 삼 일 만에 돌아오던, 우리의 가수 마철호가 고향 그리며 노래 부르던, 그 바다가 죽는다.

바다에 가지 않는다고 문제없는 거 아니다. '닭이 우리 인생에 미치는 영향'과 '바다가 미치는 영향'의 차이는 비교할 필요조차 없다. 치킨과 삼계탕은 안 먹을 수 있지만 바다는 그렇지 못하다. 무엇보다, 조류독감이나 천일염 때처럼 사람들 마음은 '바람보다 먼저 눕고' '바람보다 늦게 일어나니'까 말이다.

　당장 김밥, 어떡할 것인가. 배추쌈으로 대신하려나? 웬만한 음식에 쓰이는 멸치 다시마 육수는 어쩌려고. 민물 피라미와 물풀로? 김치 담글 때 새우젓 멸치젓은?

　또 있다.

　쫄깃하다 과메기. 김이 모락 꼬막 살. 숙취에는 해물짬뽕, 보양 으뜸 장어탕, 톡톡 튀는 생대하, 시원하다 대구탕, 돈 생각해서 동태탕, 새콤달콤 서대회, 고소하다 박대구이, 생일이면 미역국, 기분이다 킹크랩, 회복 촉진 전복죽, 제사상 문어숙회. 땀이 난다 낙지볶음, 맥주에는 노가리. 그 향기 이채롭다 멍게 속살. 속을 풀자 조개 국물, 여름이다 민어회, 가족 여행 대게찜, 승부수다 복엇국, 포장마차 홍합탕, 생각난다 가자미식해, 밥도둑 갈치조림, 애어른 모두 명란젓, 이런저런 생선구이, 심심풀이 쥐포. 그리고 끝끝내 어묵까지….

　이 정도면 마무리된 건가? 그럴 리가.

　아직도 못 먹어 본 샥스핀, 천하일미 모자반 해장국, 알레르기 약을 삼키고서라도 먹어야 하는 간장게장, 해마다 며느리가 뭐 어쩐다는 가을 전어, 만만한 고등어조림, 별미로다 제주 자리돔구이. 그 동네 특산 다금바리. 산삼에 견주는 해삼. 다시 한번 그뿐인가. 홍어, 가오리. 오징어, 도미, 농어, 우럭, 광어, 조기, 새조개, 피조개, 성게, 개불, 방어, 삼치, 병어, 도다리, 소라….

　이런 것들 이제 다 먹었다. 새우 맛, 문어 맛 과자까지. 아, 또 있다. 오메가3 같은 건강식품과 화장품에 들어가는 생선 핵산과 아미노산도.

문 닫을 집도 줄을 섰다. 소박한 길모퉁이 작은 횟집부터 대형 횟집은 물론 여기저기 초밥집, 해물탕집, 아구찜집, 해물파전집, 바지락칼국수집. 황태해장국집 그 너머로 괴괴한 기운만 흐르는 노량진 가락동 수산시장, 부산 자갈치 시장… 이런 데 못 가고 못 먹는 스트레스 이겨낼 수 있을까.

〈여섯시 내고향〉부터 바다를 배경으로 하는 온갖 콘텐츠 방송과, 유튜브는 이제 뭘 할까. 아울러 바다가 가지고 있던 거대한 포용, 숙고, 재도전의 의미도 사라진다. 「바다가 보이는 역」 편에서 이야기한 대로 영화나 소설에서 갈등이 봉합되지 않았는데, 의도가 실패했는데, 사랑이 결실을 못 봤는데 러닝 타임 다 돼 가면, 가장 그럴싸한 방법이 바다로 가면서 끝내는 것이다. 독자나 시청자는 떨떠름하지만, 그럭저럭 받아들인다.

바다로 가면 깊은 고민 끝에 돌아와 결국 해결하거나 이기거나 성공하겠지, 하는 것이다. 바다니까. 깊은 산 동굴이라면 무공비급 만나는 기연이라도 있어야 하지만 바다는 굳이 그럴 필요 없다. 말했듯이, 워낙 크고 깊고 대단하니까.

자주 떠벌렸던 말 중에 '바다는 풀어 해체하는 역할을 한다.'가 있다. 그래서 상처 입은 사람은 본능적으로 바다를 찾는다(반대로 산은 집중하게 한다, 공부하거나 수련하는 이들이 찾는 이유이다).

그러나 이제는 그것도 글렀다. 핵물질 흐르는 저 바다로 누가 인생의 숙제를 들고 찾아간다는 말인가. 상처받은 자, 갈 곳이 없다.

육지와 바다는 우리를 살게 하는 두 축이다. 이제는 절반만 가지고 살아야 한다. 산해경 해외북경海外北經의 일목국一目國 동쪽 유리국柔利國 사람처럼 팔 하나 다리 하나씩만 가지고 살아갈 수 있을까. 나부터, 무엇을 할 수 있을까. 아무도 찾지 않는 곳에서 홀로 지구 바다 멸망사나 쓰게 되는 걸까.

조만간 손님으로 행성 여행자가 찾아온다면 나는 난감하다. 내 집 근처 바닷가 언덕에 도착한 그는 노을 지는 바다를 보면서 감탄한다. 죽은 물고기를 묻어 주고 돌아오던 나는 그와 마주친다. 오랫동안 이런 행성을 찾아다녔다고 그가 말한다. 이런 바다를 가진 곳은 처음 본다고. 몇몇 행성에 바다는 있지만 지구처럼 넓고 안정되고 아름다운 색깔은 아니었다는 것. 나는 아무 대답도 못 한다.

나의 아름다운 바다가, 그대의 바다가, 이렇게 죽는다.

## 바다어語 마음사전

2025년 9월 26일 1판 1쇄 펴냄

| | |
|---|---|
| 지은이 | 한창훈 |
| 펴낸이 | 김성규 |
| 편집 | 조혜주 최주연 권은하 |
| 디자인 | 신혜연 |
| 사진 | 김무환 |
| 펴낸곳 | 걷는사람 |
| 주소 | 경기도 용인시 기흥구 동백중앙로 358-6, 7층 (본사) |
| | 서울 마포구 월드컵로16길 51 서교자이빌 304호 (지사) |
| 전화 | 031 281 2602 / 02 323 2602 |
| 팩스 | 02 323 2603 |
| 등록 | 2016년 11월 18일 제25100-2016-000083호 |
| ISBN | 979-11-7501-014-7 |
| | 979-11-89128-13-5 [04800] 세트 |

\* 이 책은 서울특별시, 서울문화재단 '2025년 창작집 발간지원 사업'의 지원을 받아 발간되었습니다.
\* 이 책 내용의 전부 또는 일부를 재사용하려면 반드시 지은이와 출판사의 동의를 얻어야 합니다.
\* 잘못된 책은 교환해 드립니다.